DIBUJO Y PINTO

DINOSAURIOS

PAU RODRÍGUEZ

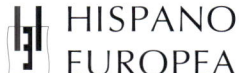

HISPANO
EUROPEA

Título de la edición original:
Je dessine des Dinosaures

El autor reivindica el derecho moral de ser iden-
tificado como autor de esta obra.
Ilustraciones originales de **Pau Rodríguez**

Es propiedad, 2009:
© **Éditions Vigot**, Paris

© de la edición en castellano, 2010:
Editorial Hispano Europea, S. A.
Primer de Maig, 21 - Pol. Ind. Gran Via Sud
08908 L'Hospitalet - Barcelona, España
E-mail: hispanoeuropea@hispanoeuropea.com

Depósito Legal: B. 11164-2010

ISBN: 978-84-255-1934-5

Consulte nuestra web:
www.hispanoeuropea.com

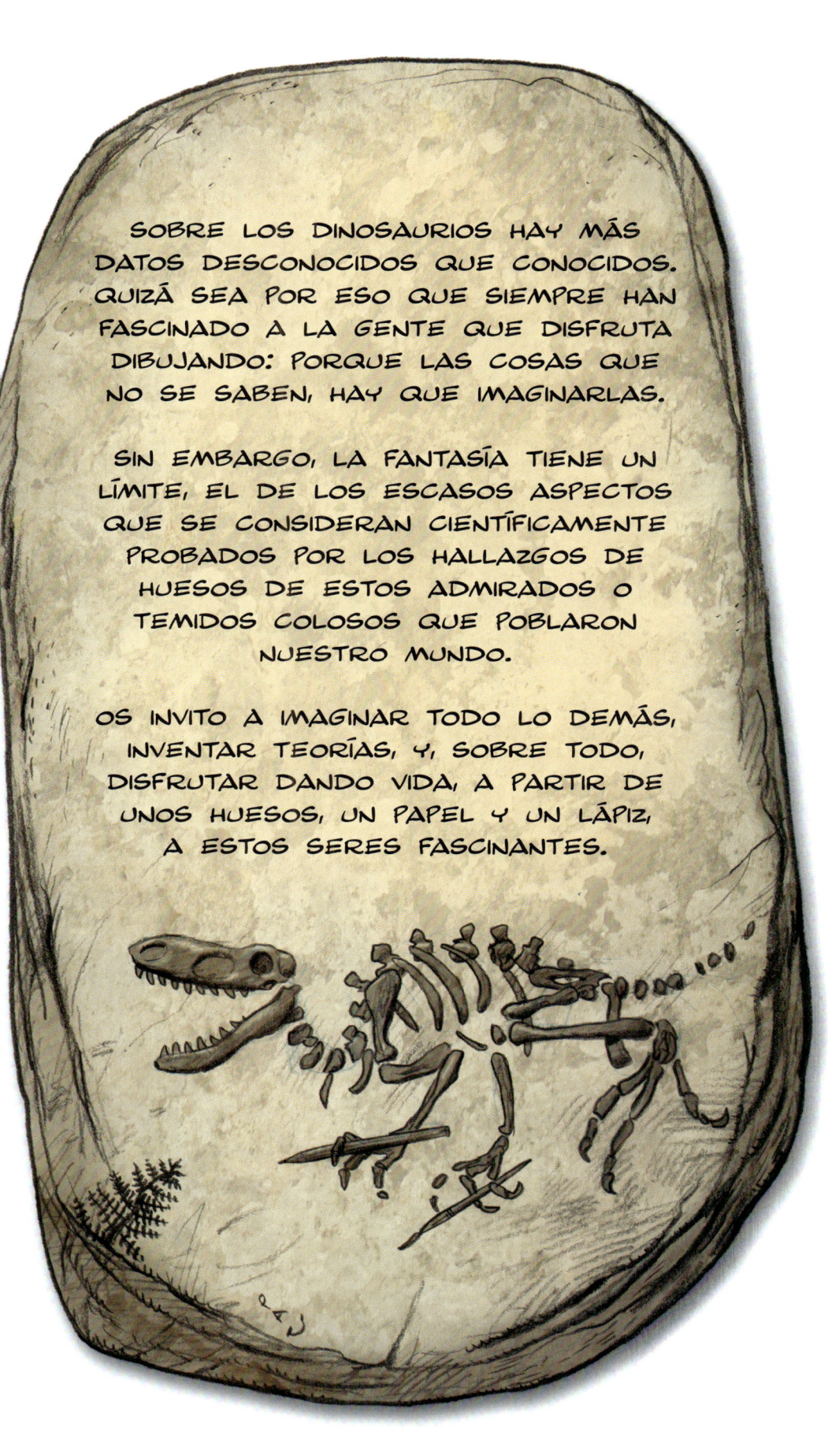

SOBRE LOS DINOSAURIOS HAY MÁS DATOS DESCONOCIDOS QUE CONOCIDOS. QUIZÁ SEA POR ESO QUE SIEMPRE HAN FASCINADO A LA GENTE QUE DISFRUTA DIBUJANDO: PORQUE LAS COSAS QUE NO SE SABEN, HAY QUE IMAGINARLAS.

SIN EMBARGO, LA FANTASÍA TIENE UN LÍMITE, EL DE LOS ESCASOS ASPECTOS QUE SE CONSIDERAN CIENTÍFICAMENTE PROBADOS POR LOS HALLAZGOS DE HUESOS DE ESTOS ADMIRADOS O TEMIDOS COLOSOS QUE POBLARON NUESTRO MUNDO.

OS INVITO A IMAGINAR TODO LO DEMÁS, INVENTAR TEORÍAS, Y, SOBRE TODO, DISFRUTAR DANDO VIDA, A PARTIR DE UNOS HUESOS, UN PAPEL Y UN LÁPIZ, A ESTOS SERES FASCINANTES.

ANTES DE LOS DINOSAURIOS

UN BUEN CONSEJO ANTES DE EMPEZAR: NO HAY QUE TENER MIEDO A EQUIVOCARSE, MEJOR QUE USAR LA GOMA ES ACARICIAR EL PAPEL CON EL LÁPIZ, E INSISTIR HASTA QUE NOS SALGA UNA LÍNEA BUENA, QUE SERÁ LA ÚNICA QUE REPASEMOS CON TINTA.

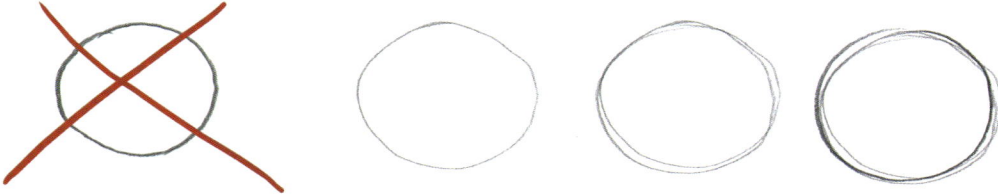

PRIMERO HAY QUE BUSCAR LA FORMA GENERAL, Y RESUMIRLA EN FORMAS GEOMÉTRICAS SENCILLAS (CUADRADO, CÍRCULO, TRIÁNGULO...)

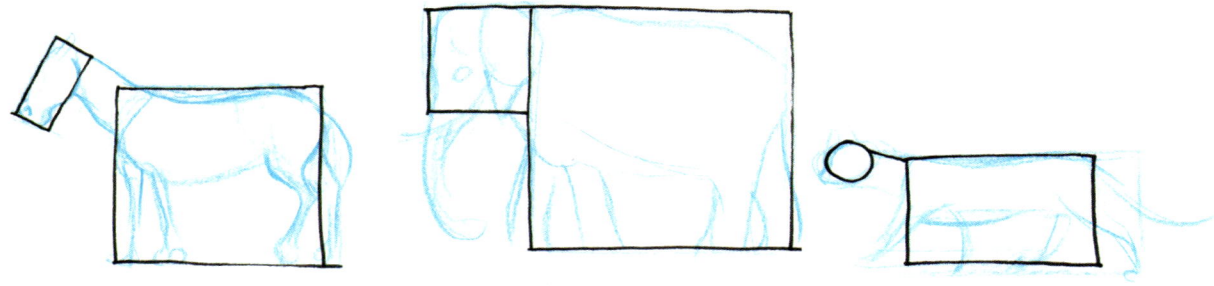

LA APARENTEMENTE COMPLEJA FORMA DE UN DINOSAURIO NO ES MÁS QUE LA SUMA DE MUCHAS FORMAS SENCILLAS. TENEMOS QUE APRENDER A ENCONTRARLAS.

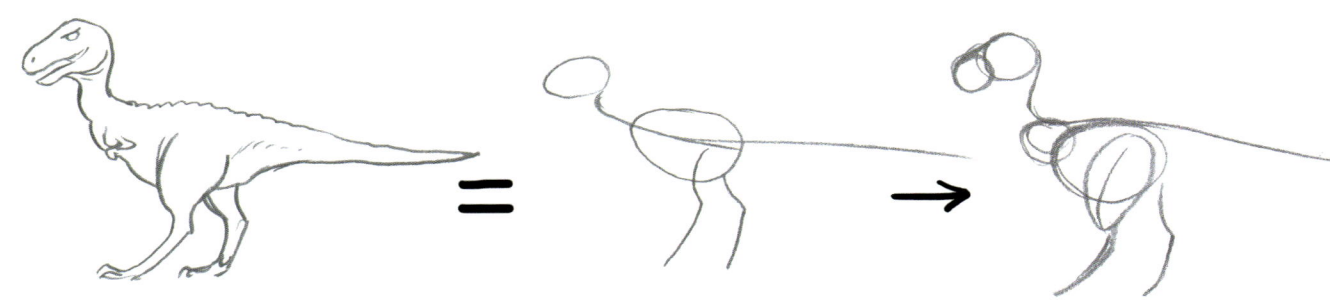

CUANDO DIBUJEMOS UN DINOSAURIO, HAY QUE TENER EN CUENTA EL EQUILIBRIO.
EL PESO TIENE QUE ESTAR BIEN REPARTIDO Y EQUILIBRADO.

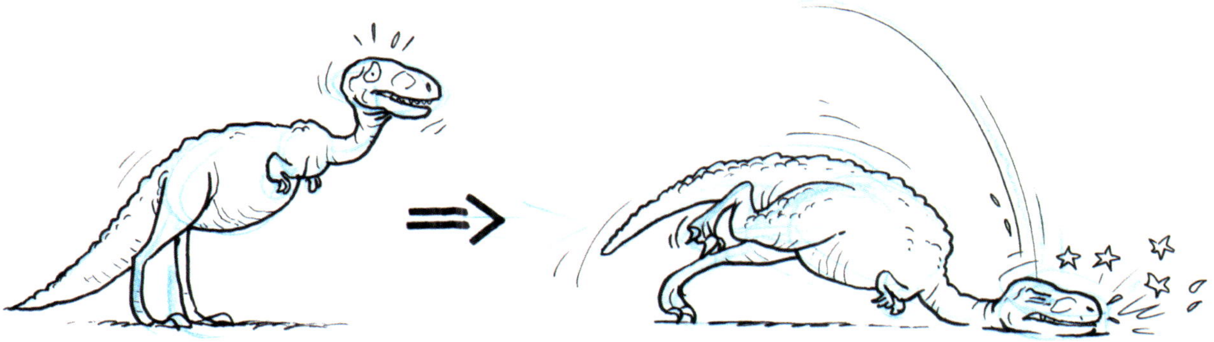

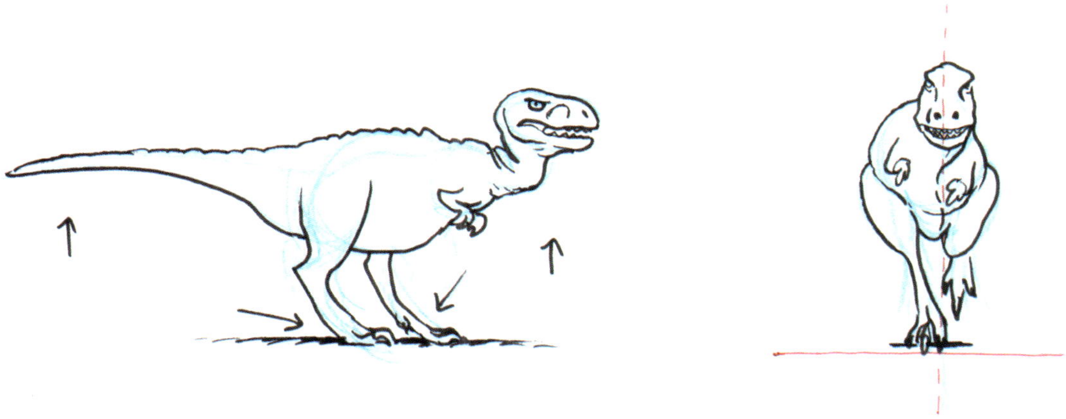

PARA IMAGINAR EL ASPECTO QUE TENÍAN LOS DINOSAURIOS, NOS PODEMOS FIJAR
EN SUS DESCENDIENTES, QUE SEGURAMENTE SON LOS QUE MÁS SE PARECEN:
LOS ACTUALES REPTILES.

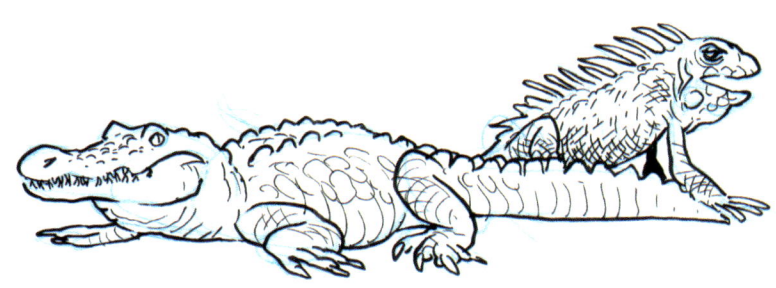

PERO ¡CUIDADO! NO SÓLO LOS REPTILES DESCIENDEN DE LOS DINOSAURIOS. TAMBIÉN LAS AVES. SE CREE QUE ALGUNOS DINOSAURIOS, CON CADERA PARECIDA A LA DE LAS ACTUALES AVES, TENÍAN PLUMAS Y PICO. ¡ASÍ, TAMBIÉN PODEMOS COMPARARLOS CON UNA GALLINA!

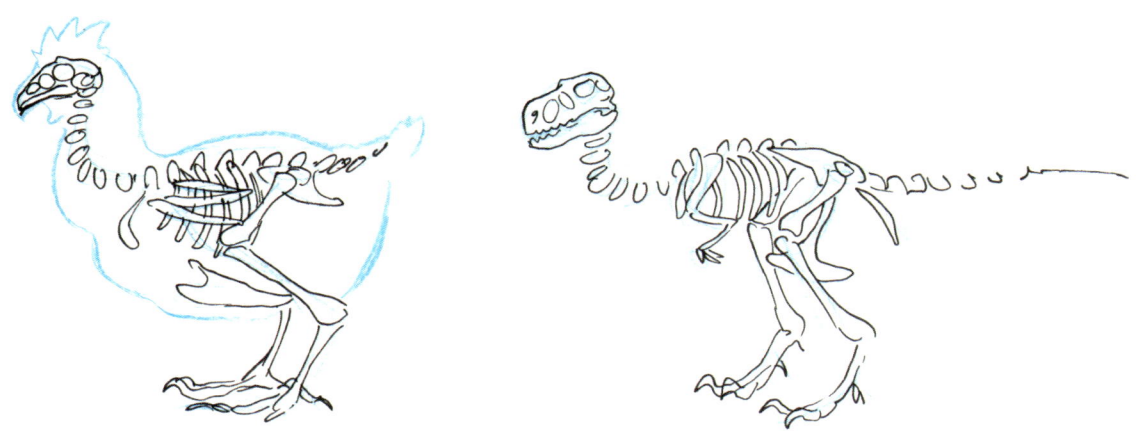

ALGUNOS CRÁNEOS NO SON TAN DIFERENTES DE LOS DE ALGUNAS AVES.

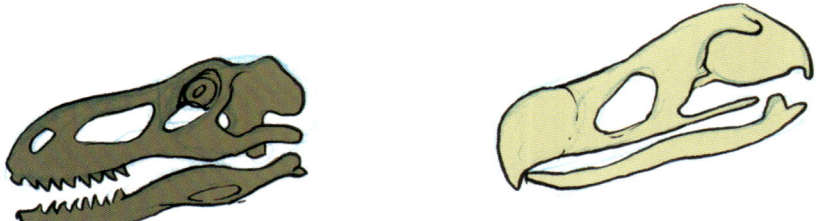

ALGUNOS DINOSAURIOS DEBÍAN MOVERSE RÁPIDO, COMO AVESTRUCES.

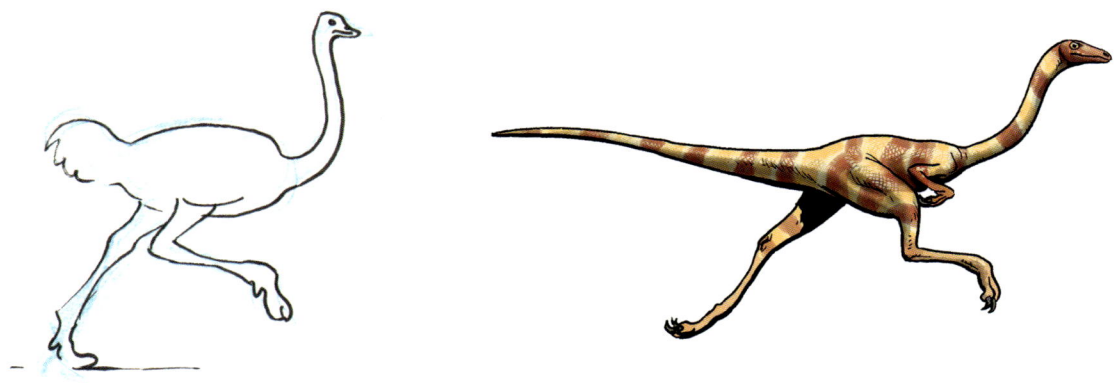

AL CONTRARIO QUE ANTIGUAMENTE, SE CREE QUE LOS DINOSAURIOS NO ARRASTRABAN LA COLA, SINO QUE LA USABAN COMO CONTRAPESO A SUS PESADAS CABEZAS.

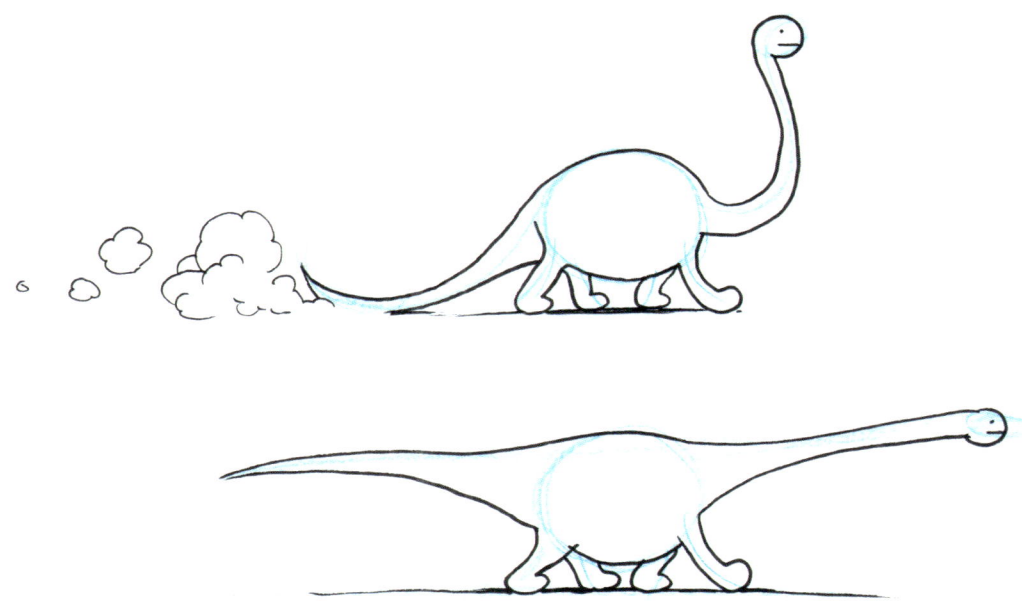

...EN CUANTO A LOS COLORES, NO TENEMOS NINGUNA INFORMACIÓN, ASÍ QUE HAY QUE INVENTÁRSELOS. ¡HOMBRE, QUE SEA ALGO RAZONABLE!

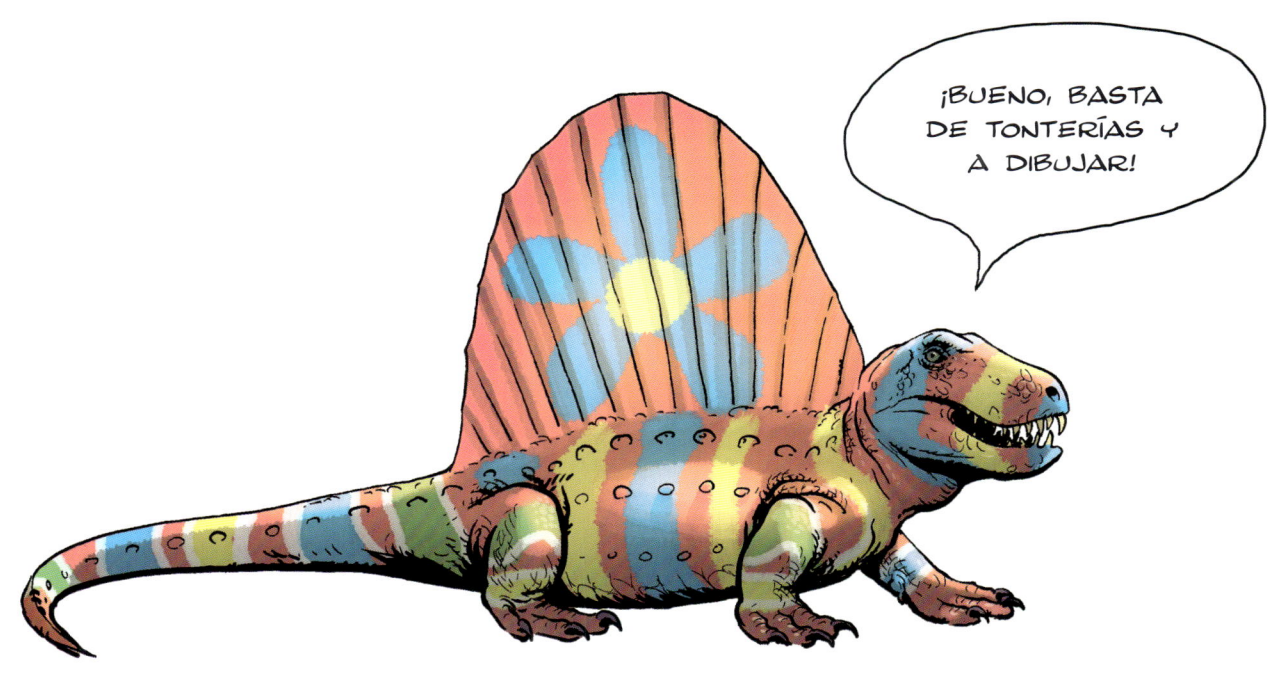

ALLOSAURO

1 - BOCETO DE FORMAS SIMPLES

2 - AÑADIR MÁS FORMAS SIMPLES

3 - DEFINIR LA FORMA GENERAL

4 - AÑADIR LOS DETALLES

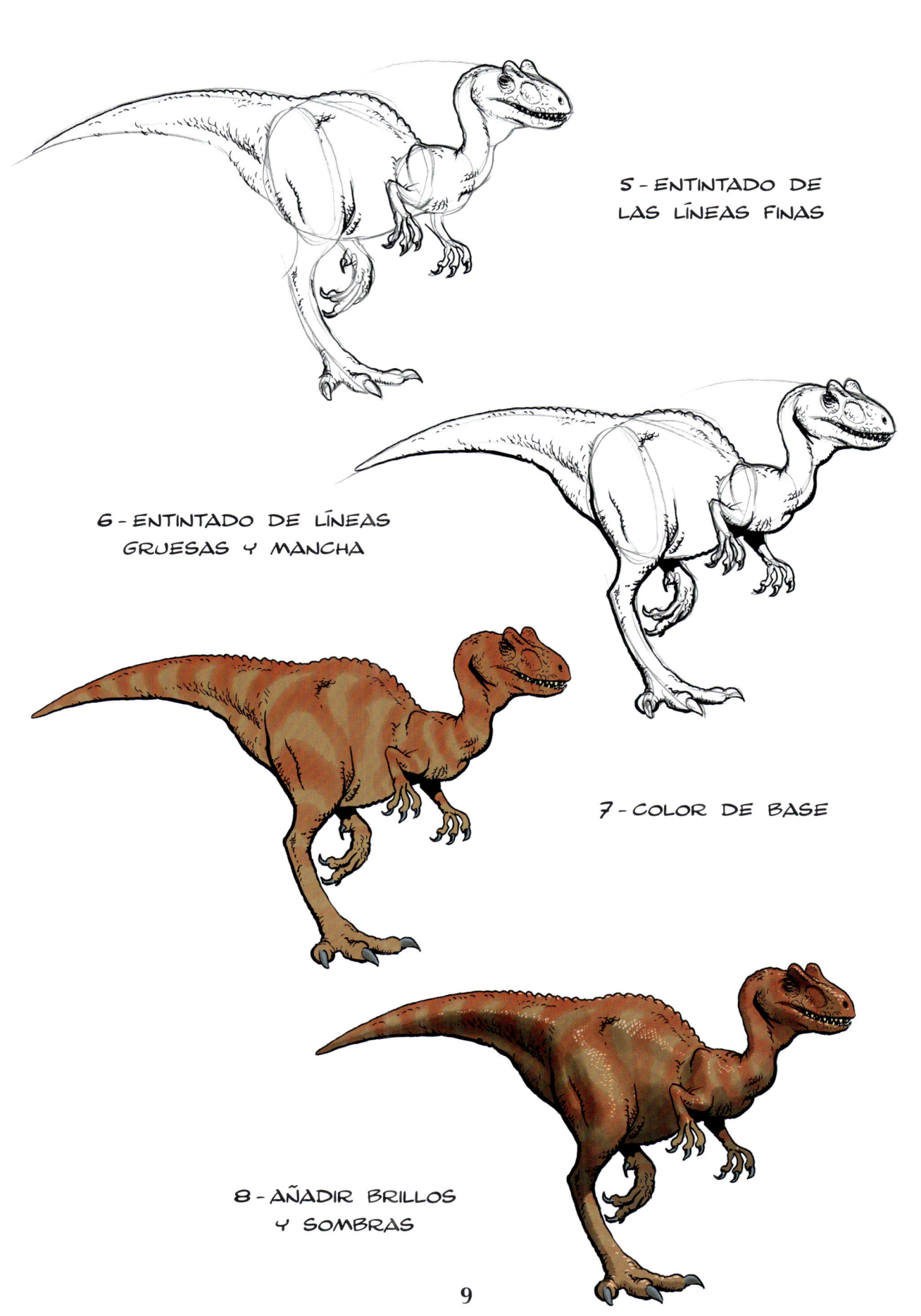

5 - ENTINTADO DE
LAS LÍNEAS FINAS

6 - ENTINTADO DE LÍNEAS
GRUESAS Y MANCHA

7 - COLOR DE BASE

8 - AÑADIR BRILLOS
Y SOMBRAS

9

ANQUILOSAURUS

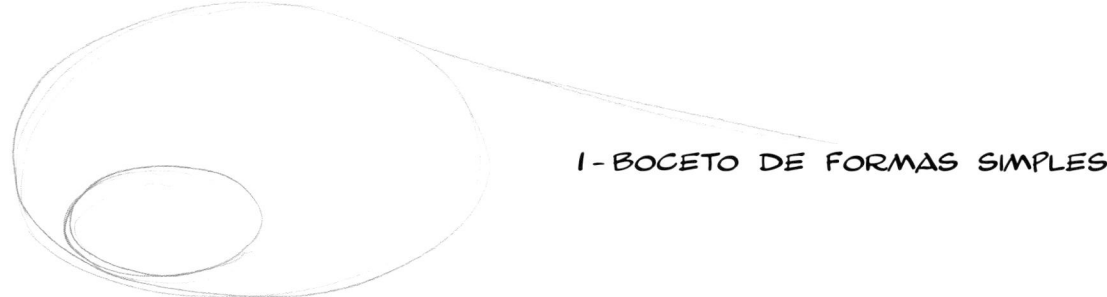

1 - BOCETO DE FORMAS SIMPLES

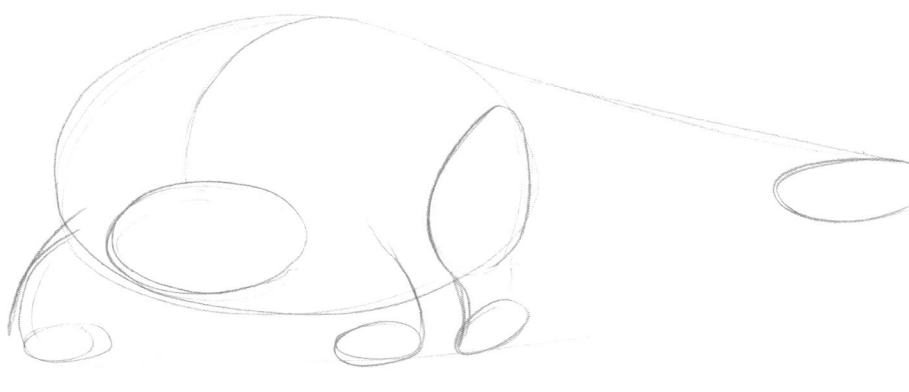

2 - AÑADIR MÁS FORMAS SIMPLES

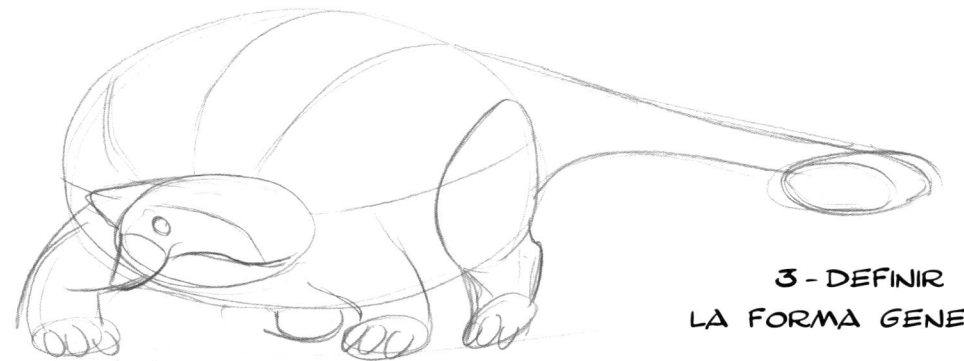

3 - DEFINIR LA FORMA GENERAL

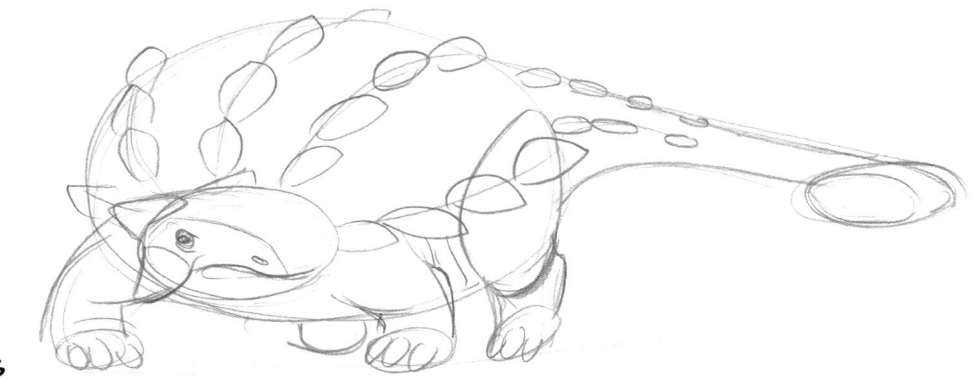

4 - AÑADIR LOS DETALLES

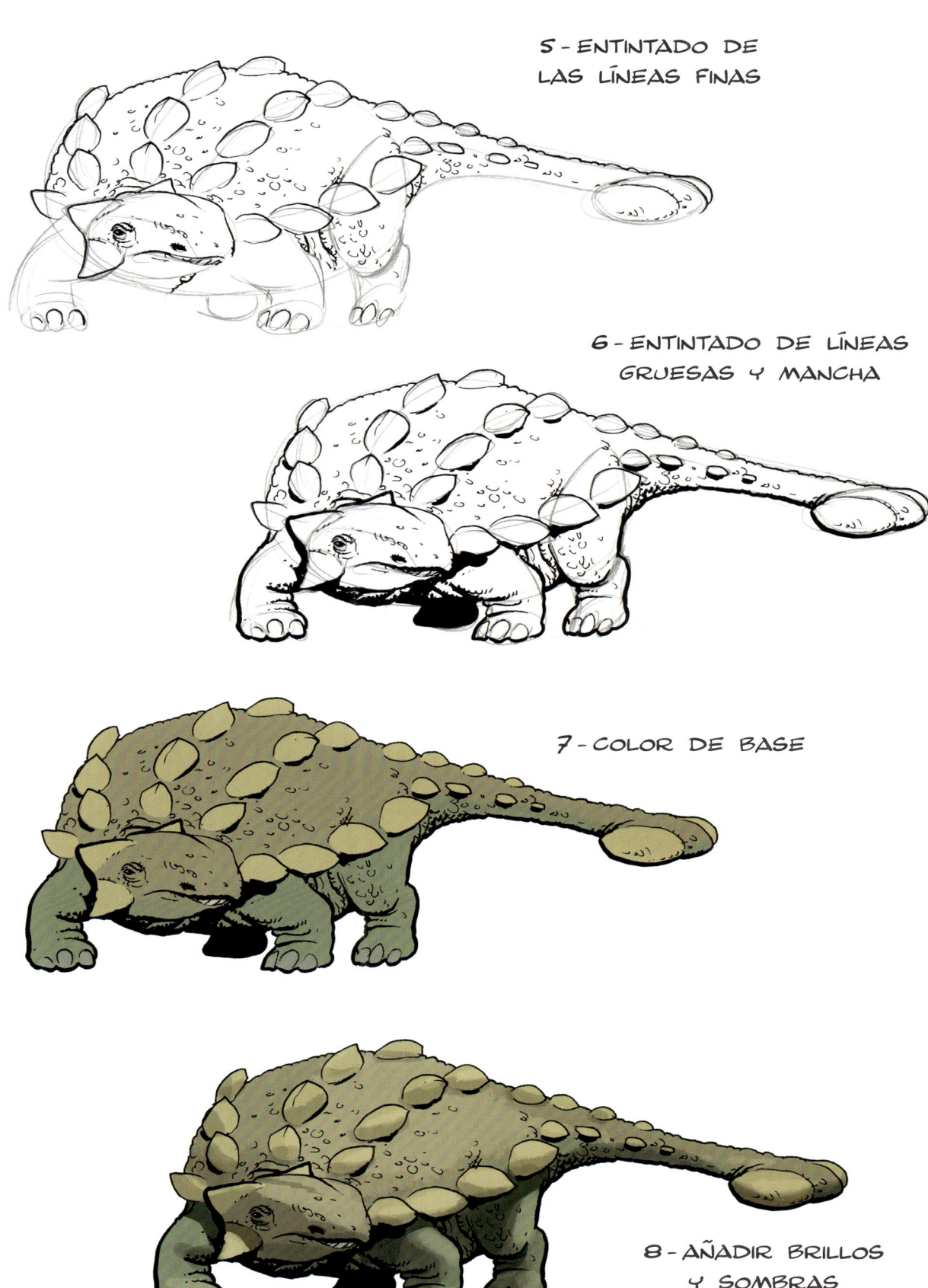

5 - ENTINTADO DE LAS LÍNEAS FINAS

6 - ENTINTADO DE LÍNEAS GRUESAS Y MANCHA

7 - COLOR DE BASE

8 - AÑADIR BRILLOS Y SOMBRAS

BRANQUIOSAURUS

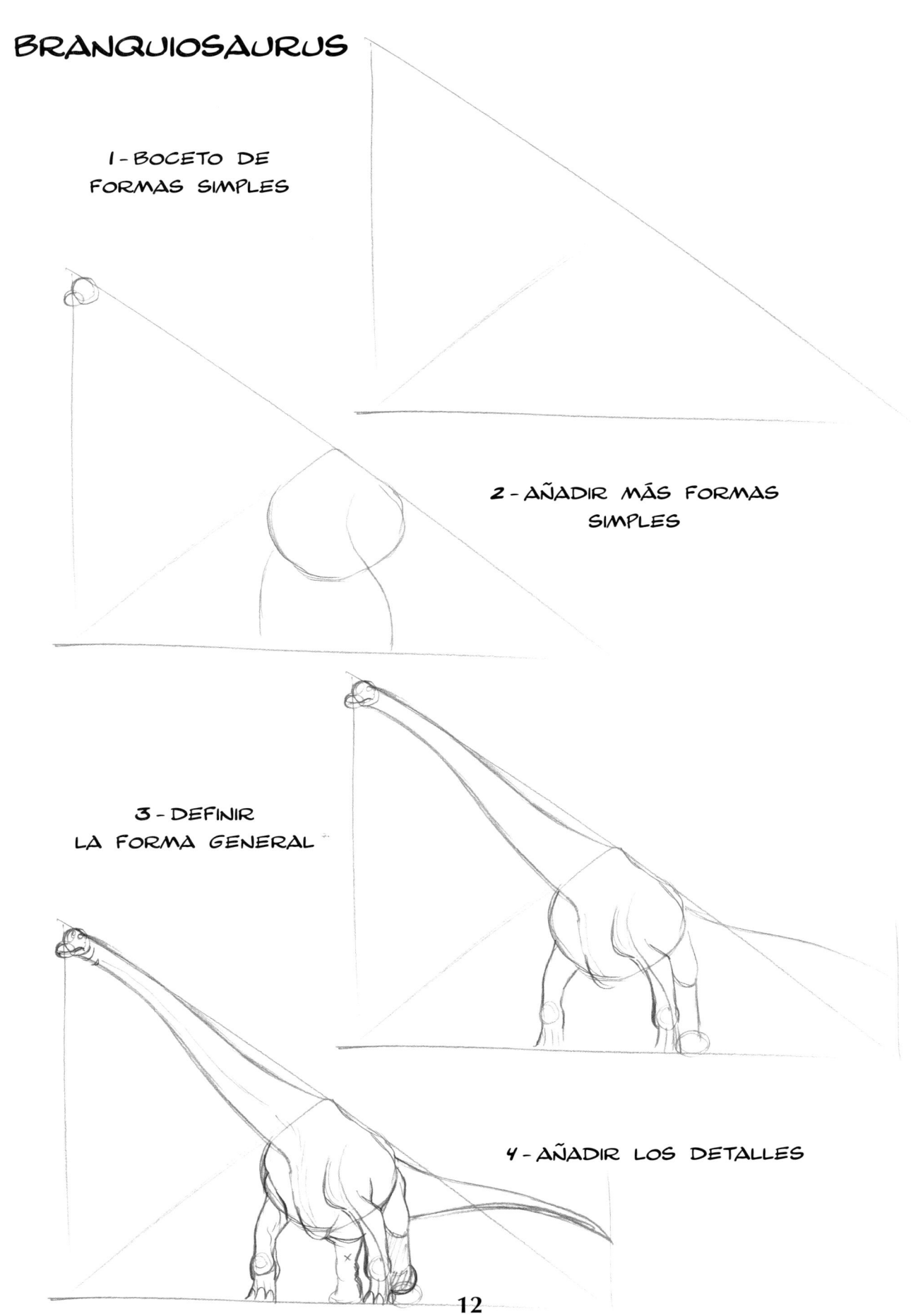

1 - BOCETO DE
FORMAS SIMPLES

2 - AÑADIR MÁS FORMAS
SIMPLES

3 - DEFINIR
LA FORMA GENERAL

4 - AÑADIR LOS DETALLES

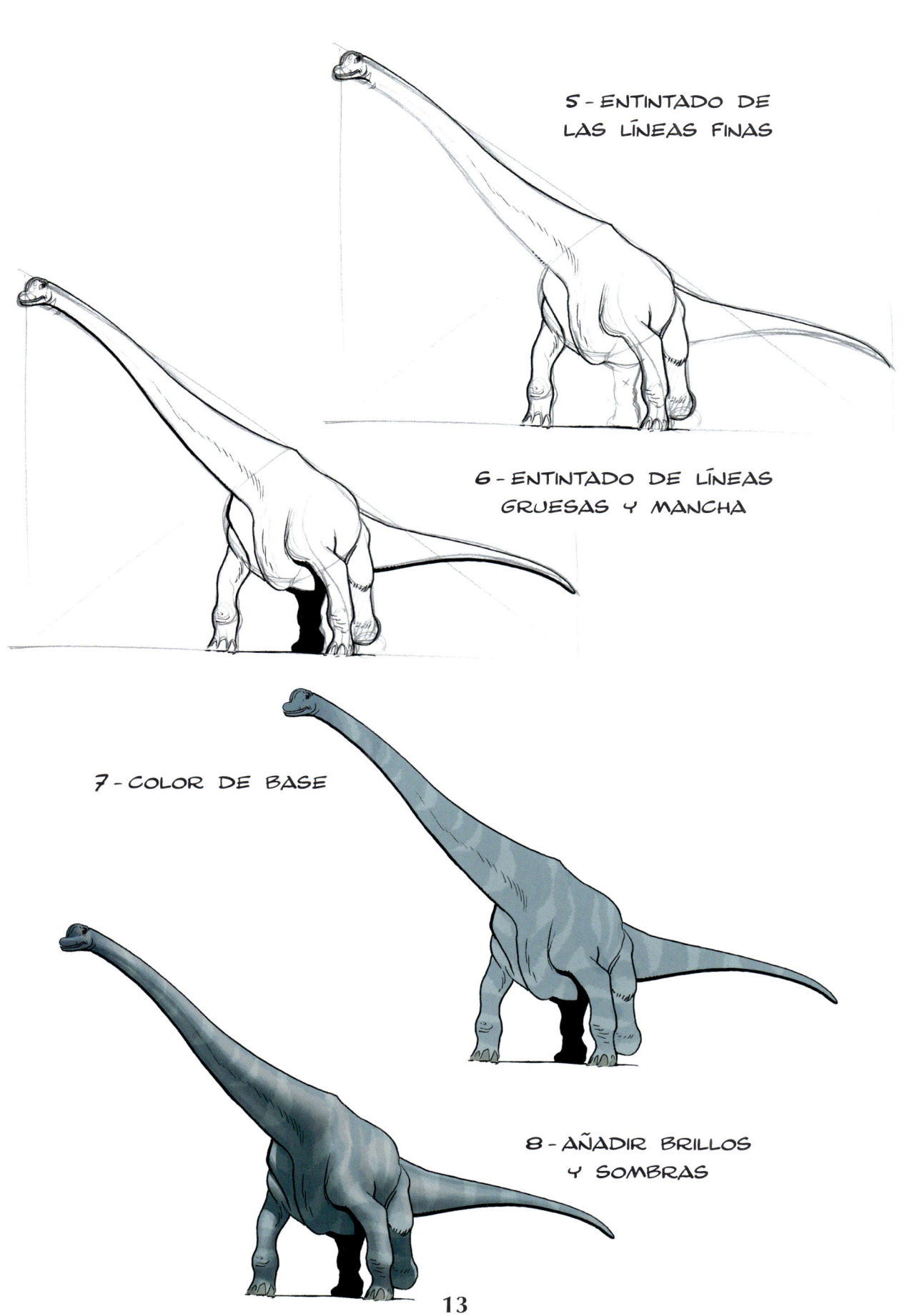

5 - ENTINTADO DE LAS LÍNEAS FINAS

6 - ENTINTADO DE LÍNEAS GRUESAS Y MANCHA

7 - COLOR DE BASE

8 - AÑADIR BRILLOS Y SOMBRAS

13

TERODÁCTILO

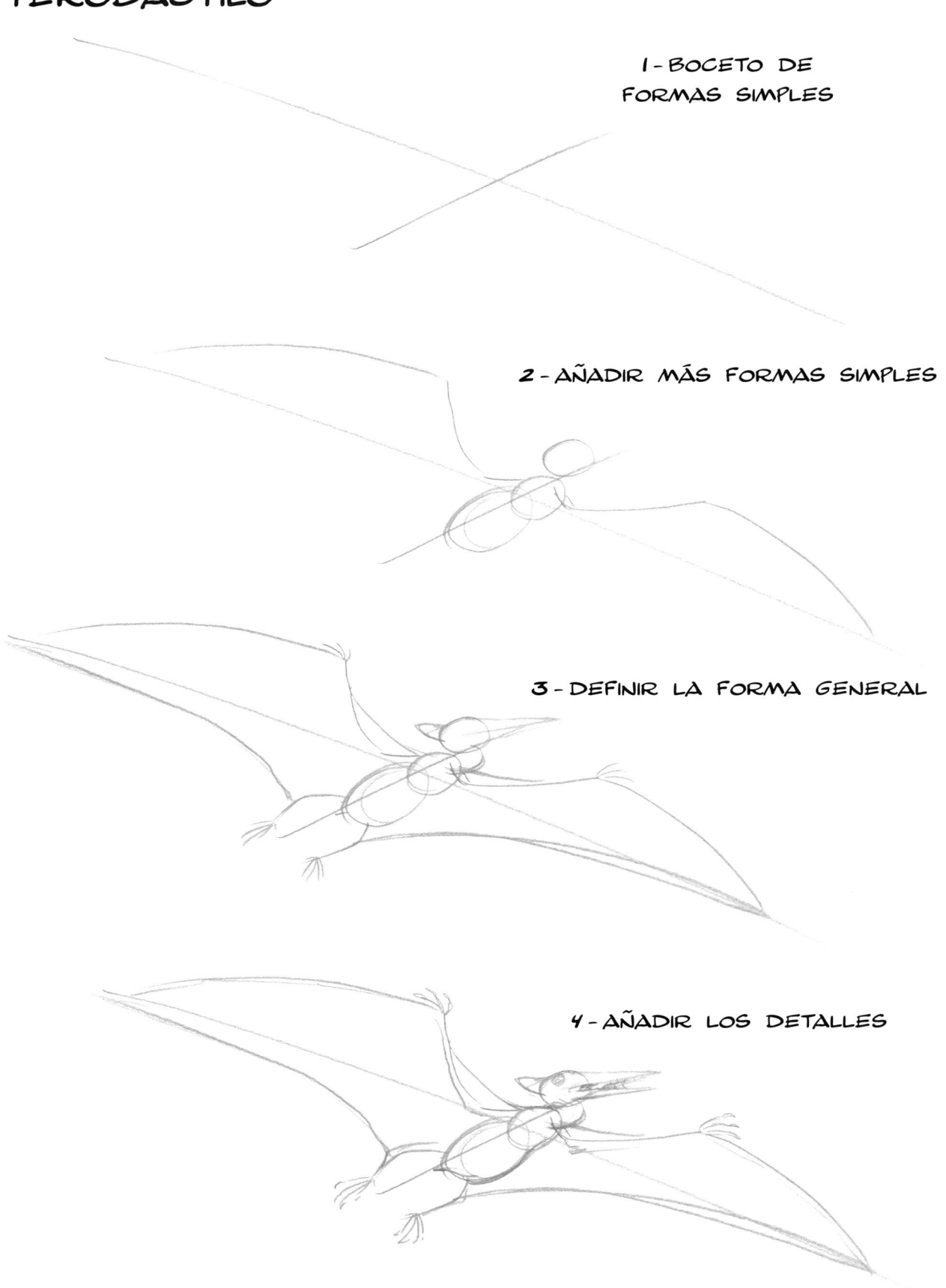

1 - BOCETO DE
FORMAS SIMPLES

2 - AÑADIR MÁS FORMAS SIMPLES

3 - DEFINIR LA FORMA GENERAL

4 - AÑADIR LOS DETALLES

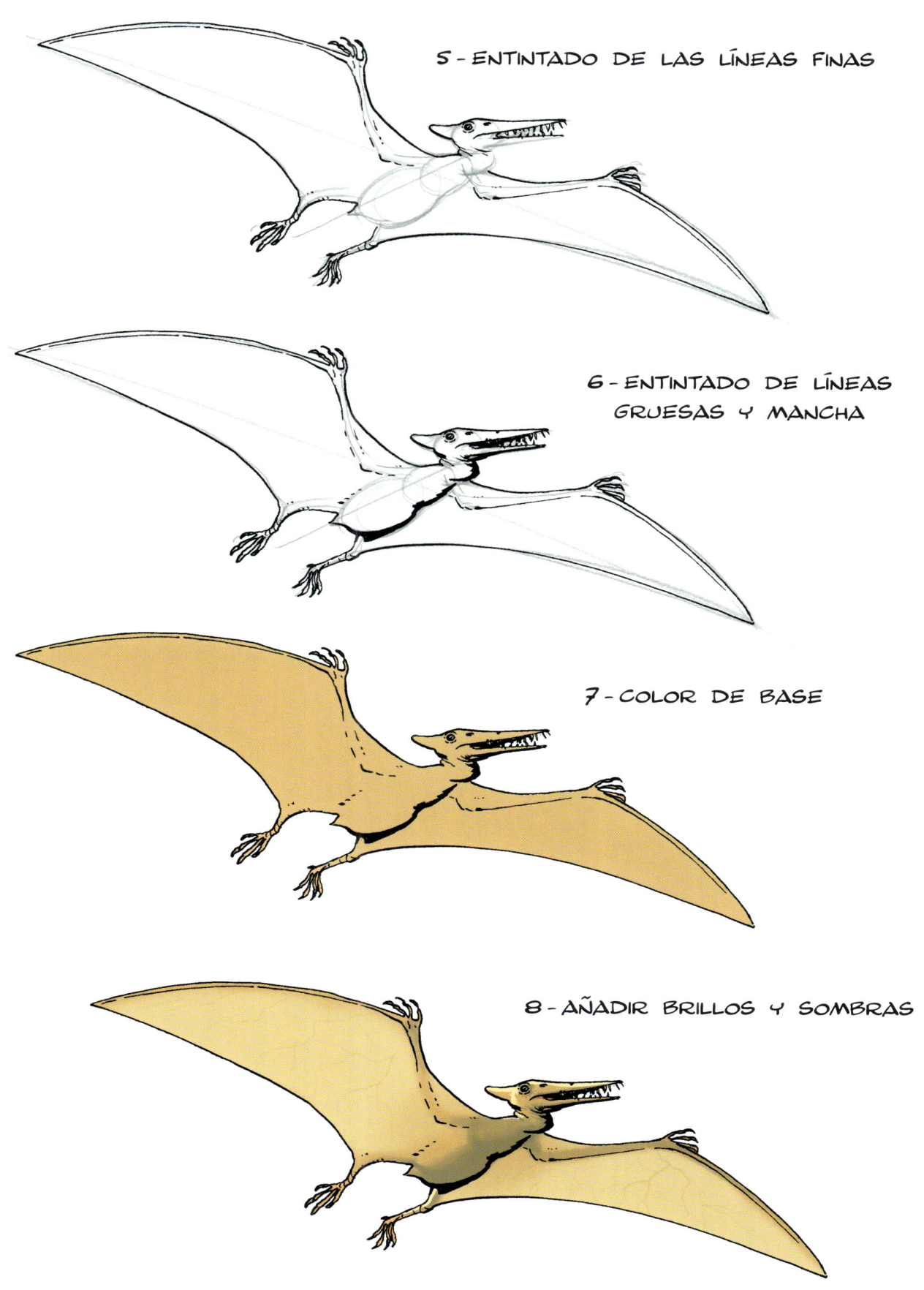

5 - ENTINTADO DE LAS LÍNEAS FINAS

6 - ENTINTADO DE LÍNEAS GRUESAS Y MANCHA

7 - COLOR DE BASE

8 - AÑADIR BRILLOS Y SOMBRAS

ESTEGOSAURUS

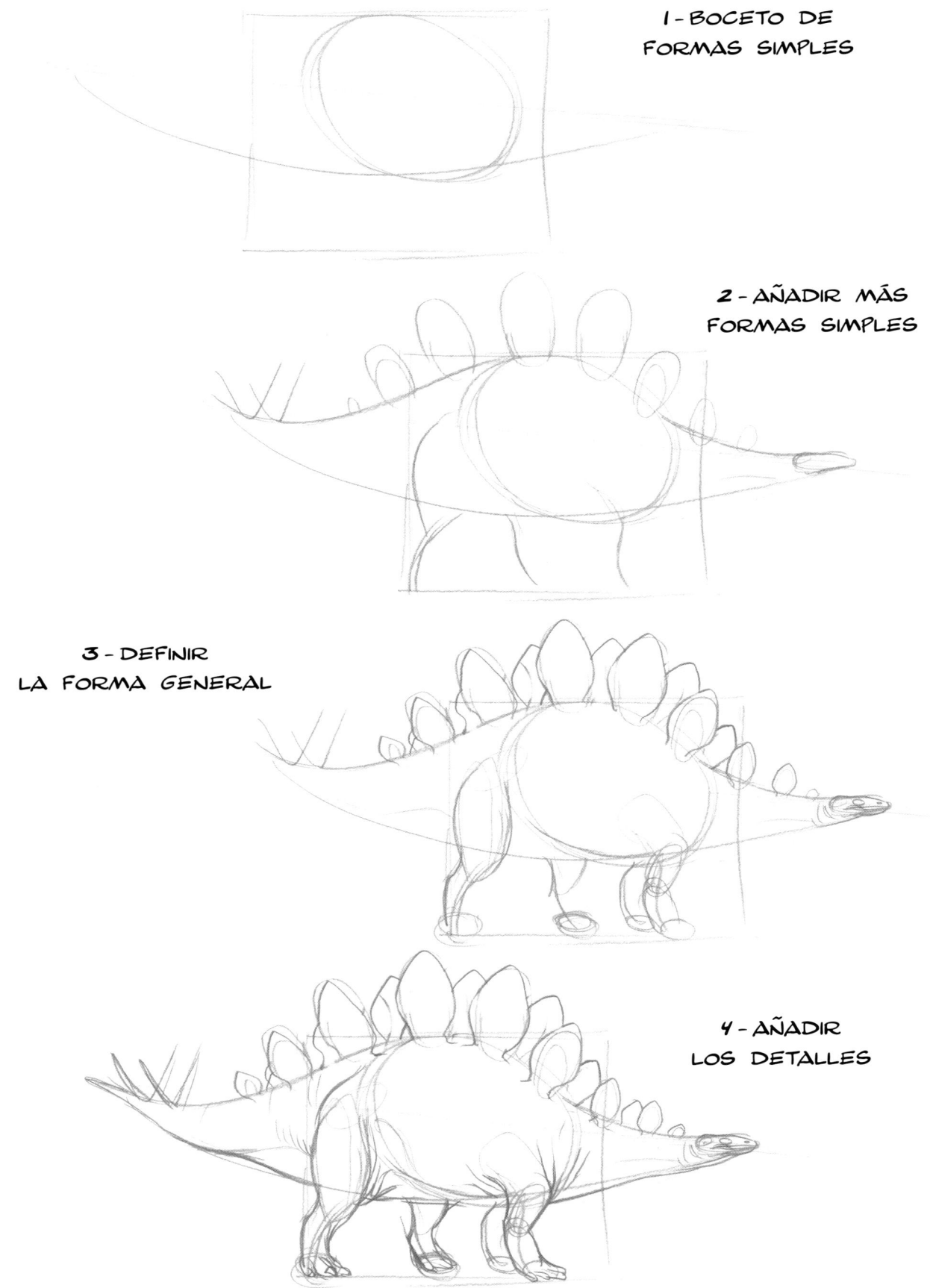

1 - BOCETO DE
FORMAS SIMPLES

2 - AÑADIR MÁS
FORMAS SIMPLES

3 - DEFINIR
LA FORMA GENERAL

4 - AÑADIR
LOS DETALLES

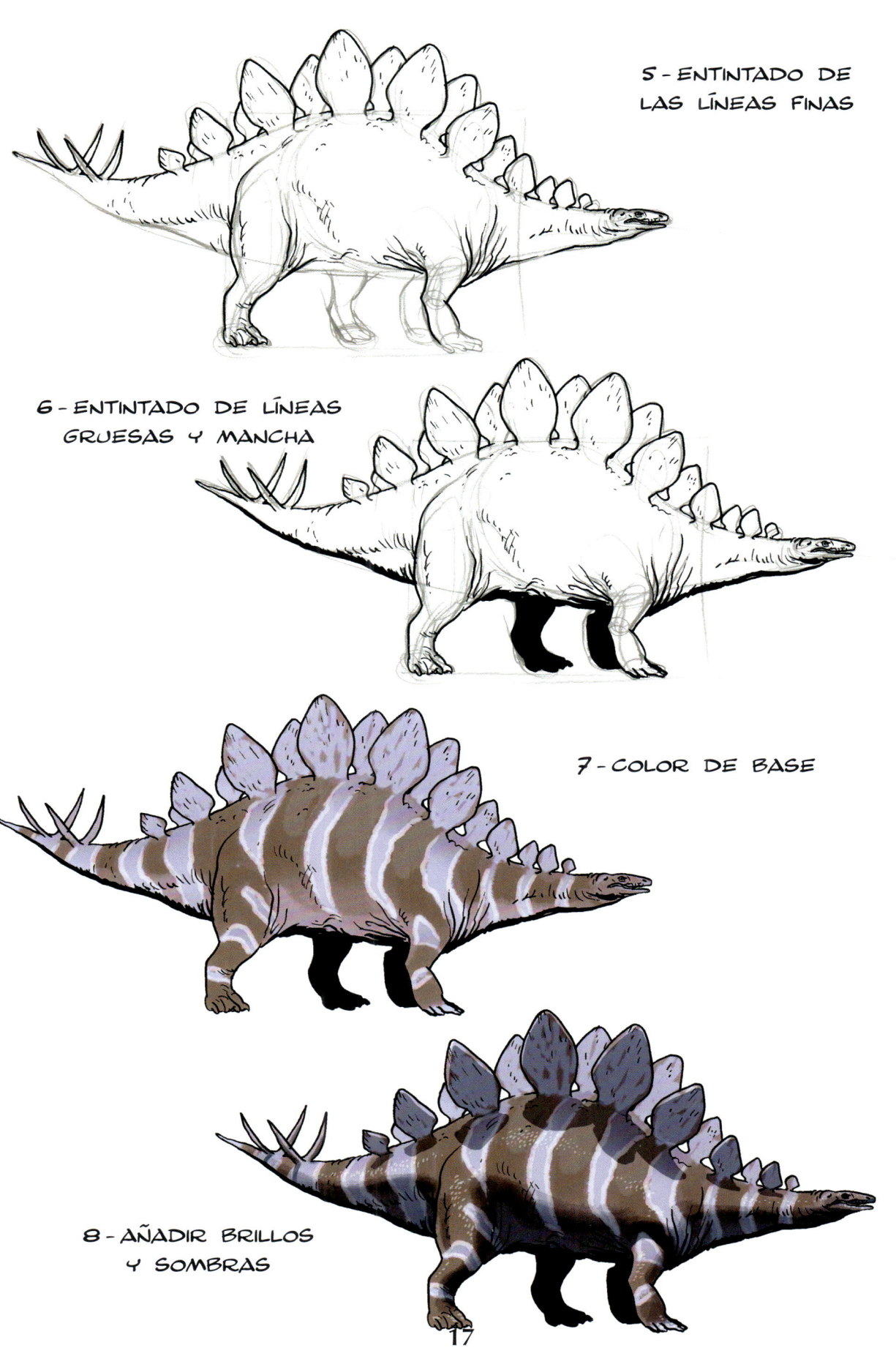

5 - ENTINTADO DE
LAS LÍNEAS FINAS

6 - ENTINTADO DE LÍNEAS
GRUESAS Y MANCHA

7 - COLOR DE BASE

8 - AÑADIR BRILLOS
Y SOMBRAS

17

ELASMOSAURUS

1 - BOCETO DE FORMAS SIMPLES

2 - AÑADIR MÁS FORMAS SIMPLES

3 - DEFINIR LA FORMA GENERAL

4 - AÑADIR LOS DETALLES

5 - ENTINTADO DE LAS LÍNEAS FINAS

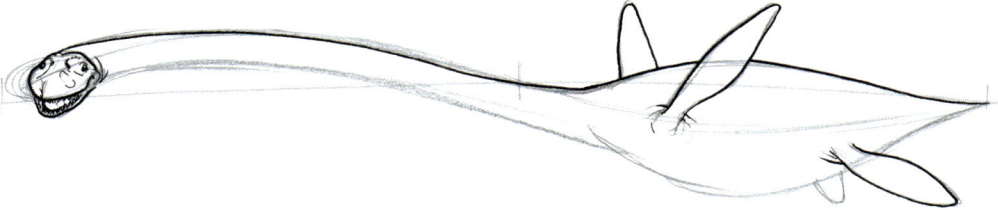

6 - ENTINTADO DE LÍNEAS GRUESAS Y MANCHA

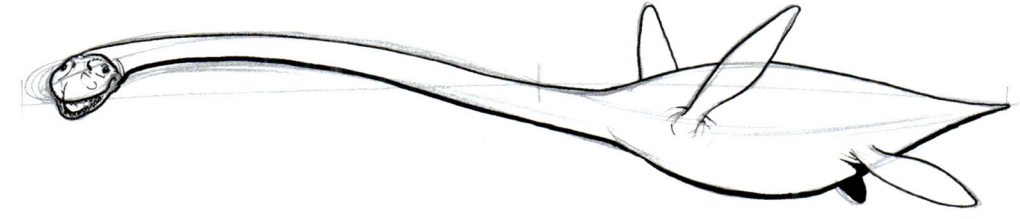

7 - COLOR DE BASE

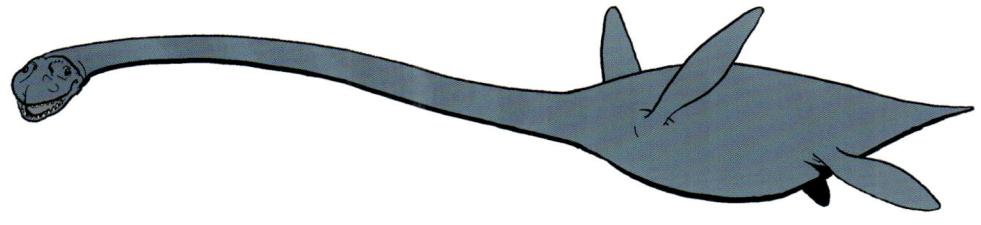

8 - AÑADIR BRILLOS Y SOMBRAS

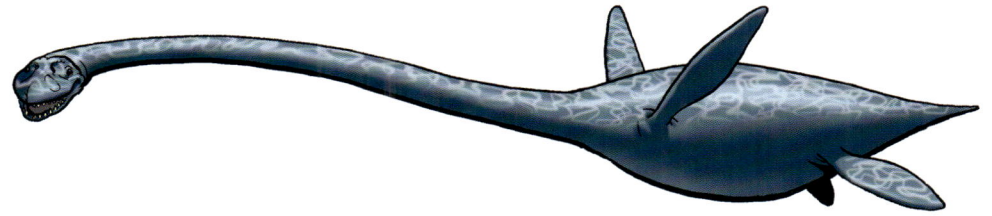

IGUANODÓN

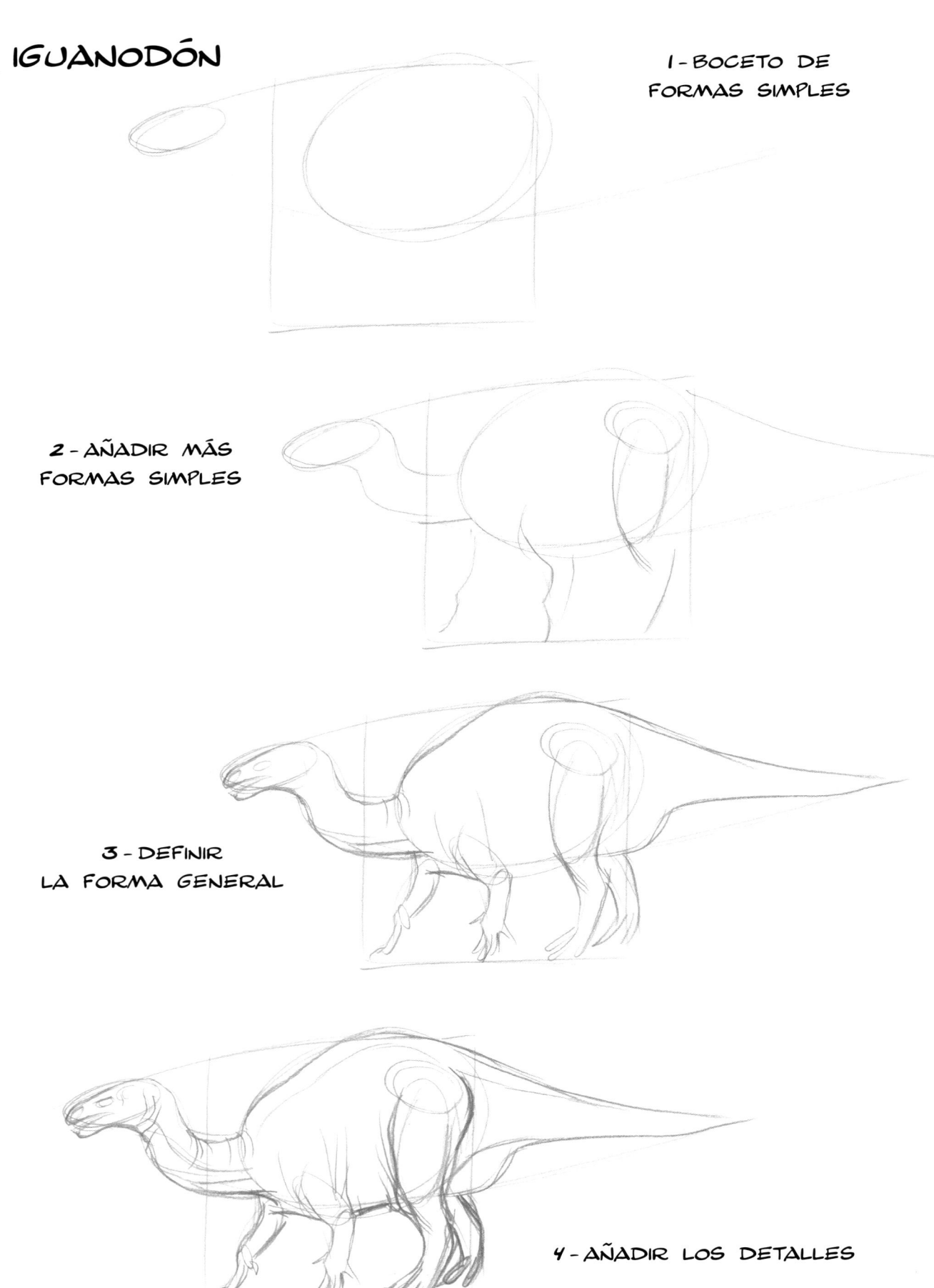

1 - BOCETO DE
FORMAS SIMPLES

2 - AÑADIR MÁS
FORMAS SIMPLES

3 - DEFINIR
LA FORMA GENERAL

4 - AÑADIR LOS DETALLES

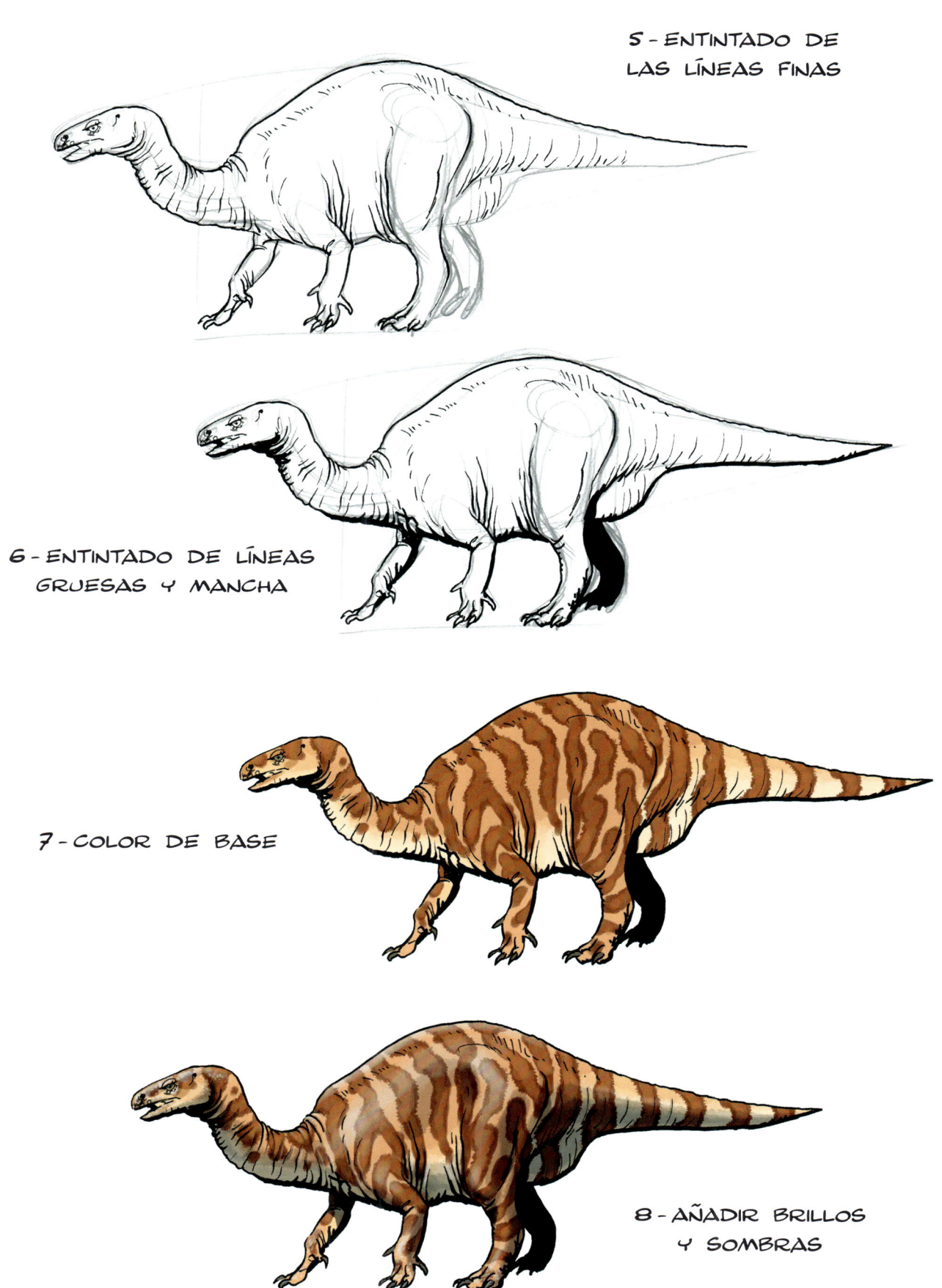

5 - ENTINTADO DE
LAS LÍNEAS FINAS

6 - ENTINTADO DE LÍNEAS
GRUESAS Y MANCHA

7 - COLOR DE BASE

8 - AÑADIR BRILLOS
Y SOMBRAS

21

VELOCIRAPTOR

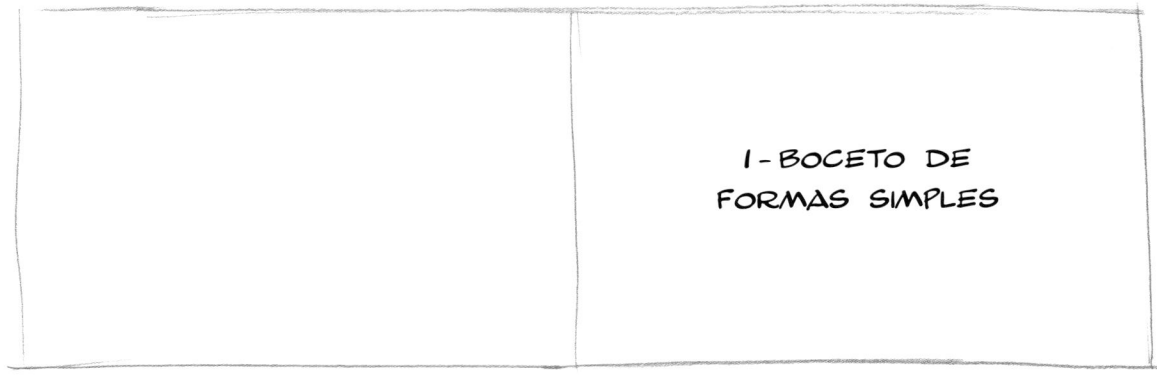

1 - BOCETO DE
FORMAS SIMPLES

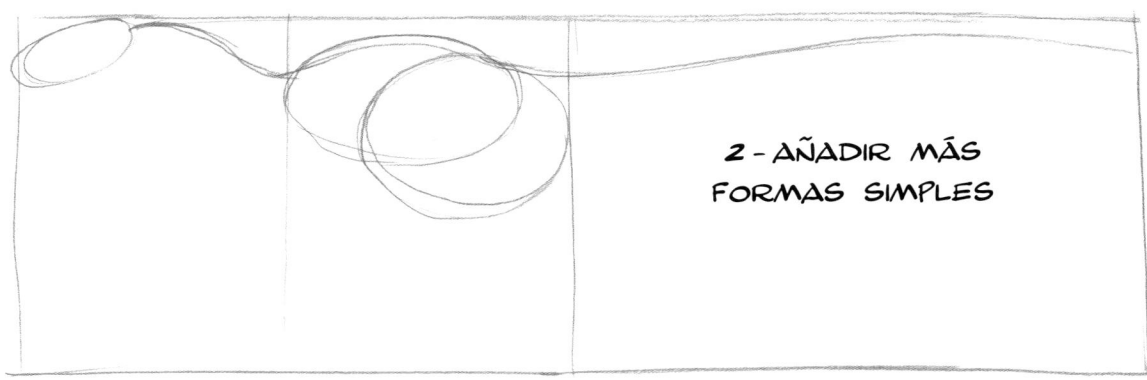

2 - AÑADIR MÁS
FORMAS SIMPLES

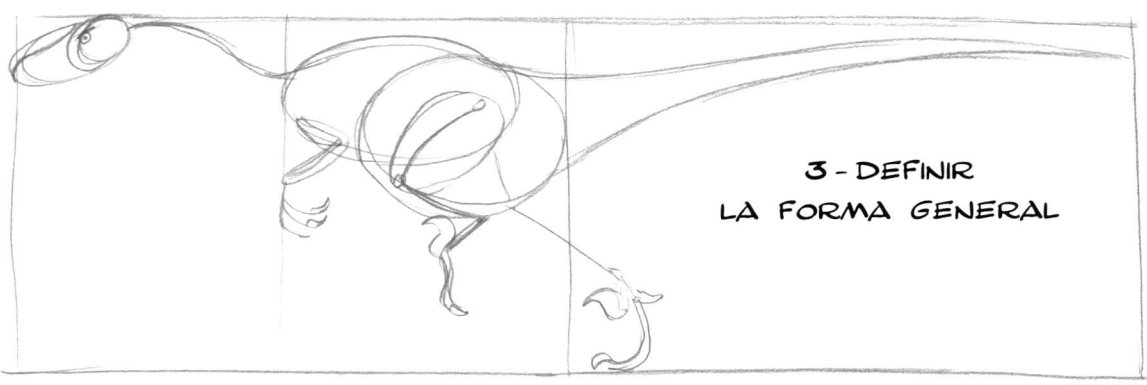

3 - DEFINIR
LA FORMA GENERAL

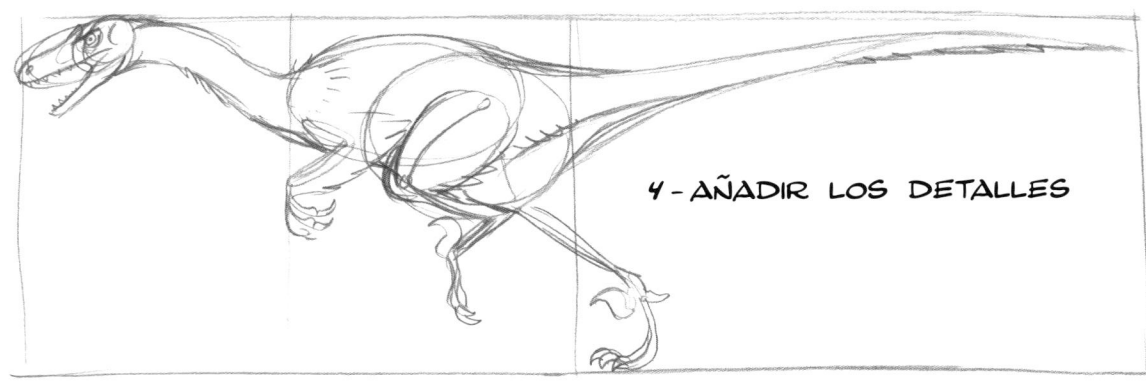

4 - AÑADIR LOS DETALLES

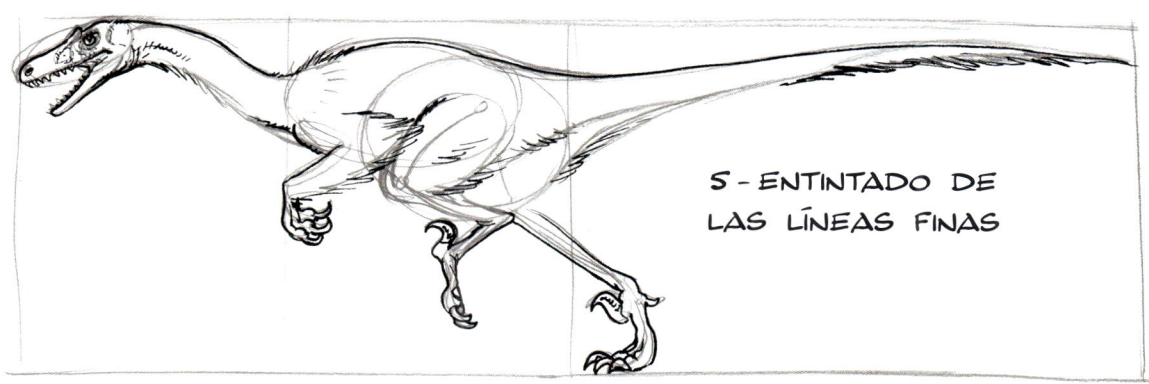

5 - ENTINTADO DE LAS LÍNEAS FINAS

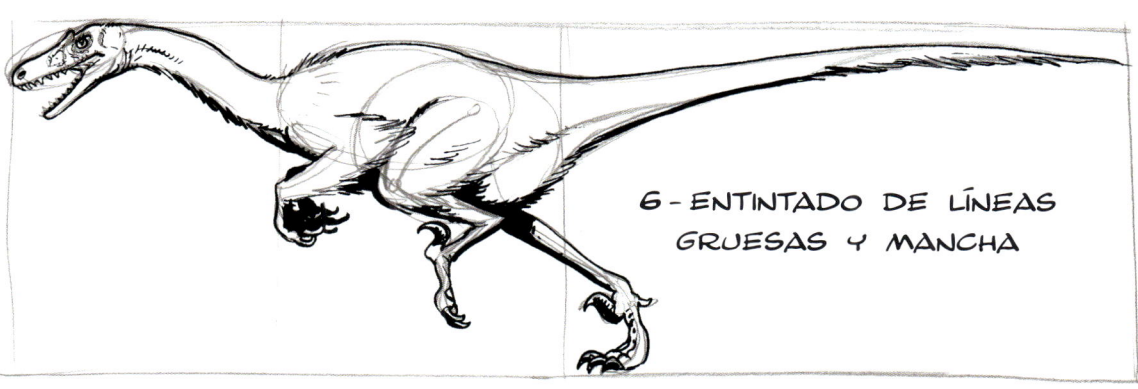

6 - ENTINTADO DE LÍNEAS GRUESAS Y MANCHA

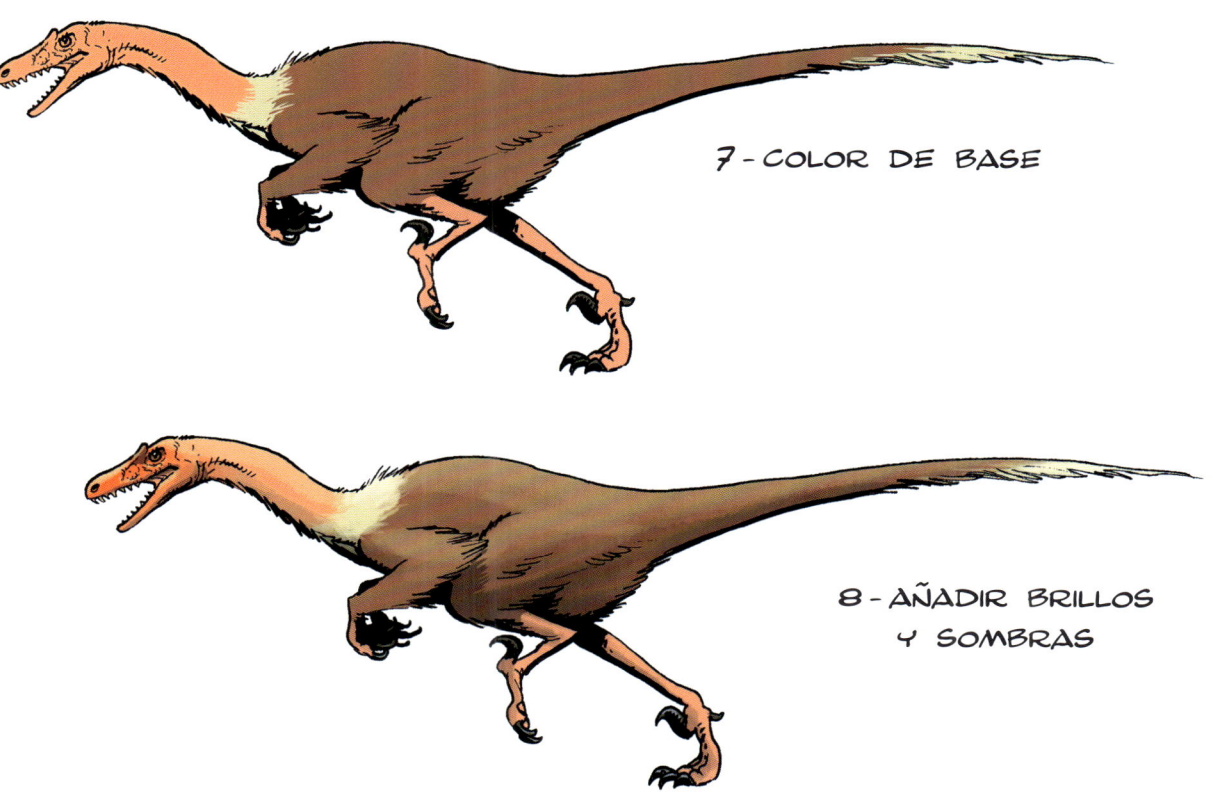

7 - COLOR DE BASE

8 - AÑADIR BRILLOS Y SOMBRAS

DEINONYCHUS

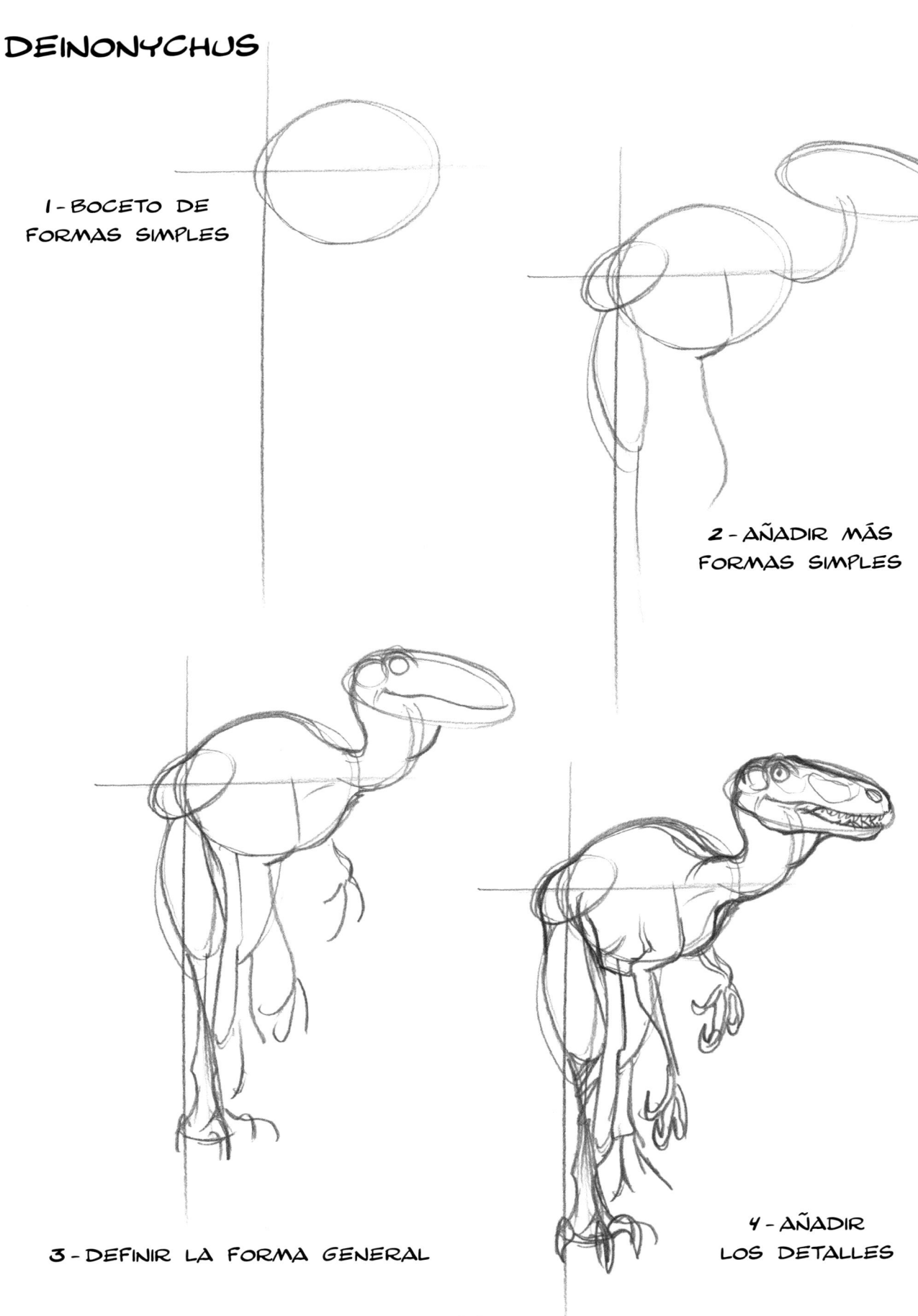

1 - BOCETO DE
FORMAS SIMPLES

2 - AÑADIR MÁS
FORMAS SIMPLES

3 - DEFINIR LA FORMA GENERAL

4 - AÑADIR
LOS DETALLES

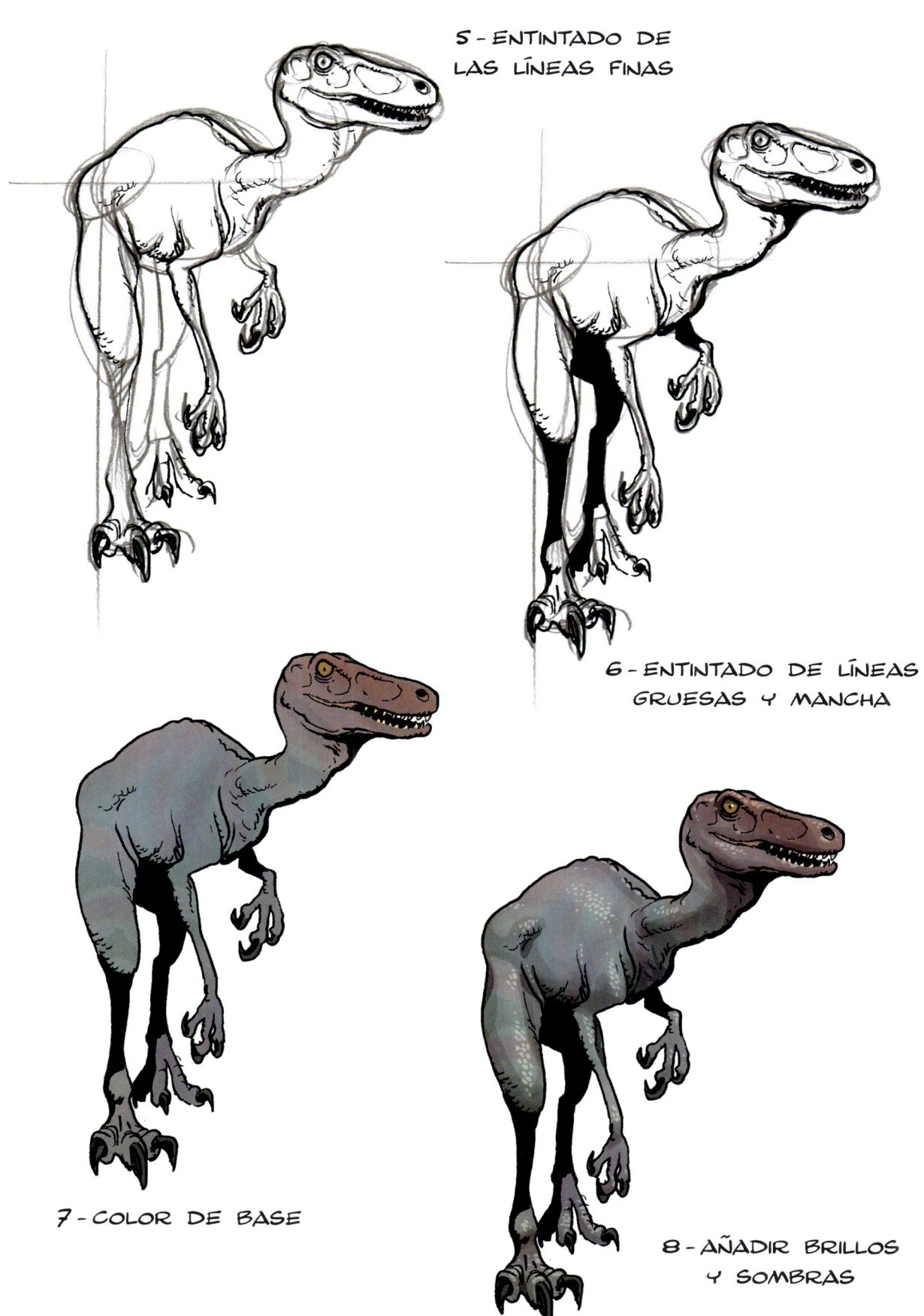

5 - ENTINTADO DE
LAS LÍNEAS FINAS

6 - ENTINTADO DE LÍNEAS
GRUESAS Y MANCHA

7 - COLOR DE BASE

8 - AÑADIR BRILLOS
Y SOMBRAS

TERANODÓN

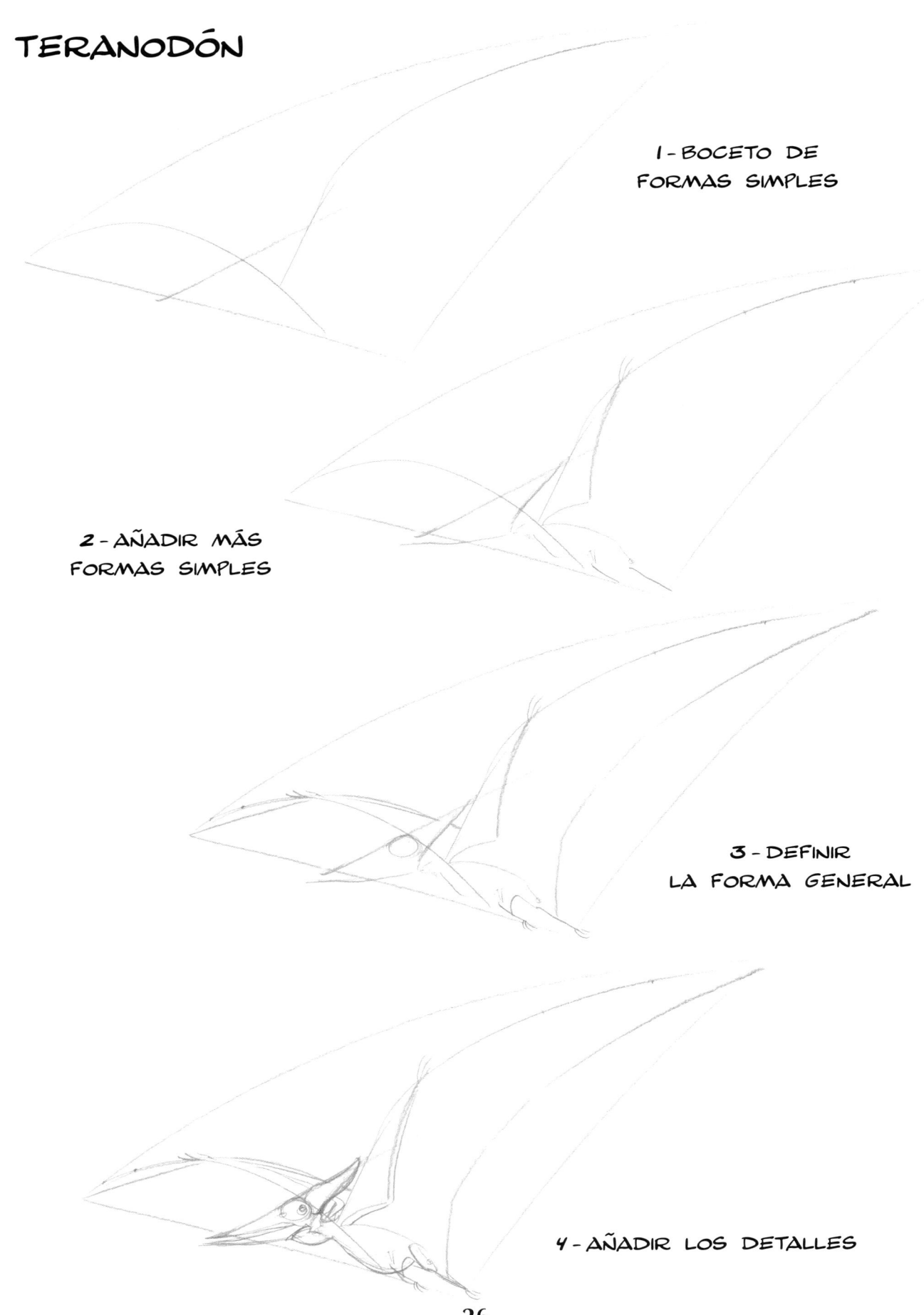

1 - BOCETO DE
FORMAS SIMPLES

2 - AÑADIR MÁS
FORMAS SIMPLES

3 - DEFINIR
LA FORMA GENERAL

4 - AÑADIR LOS DETALLES

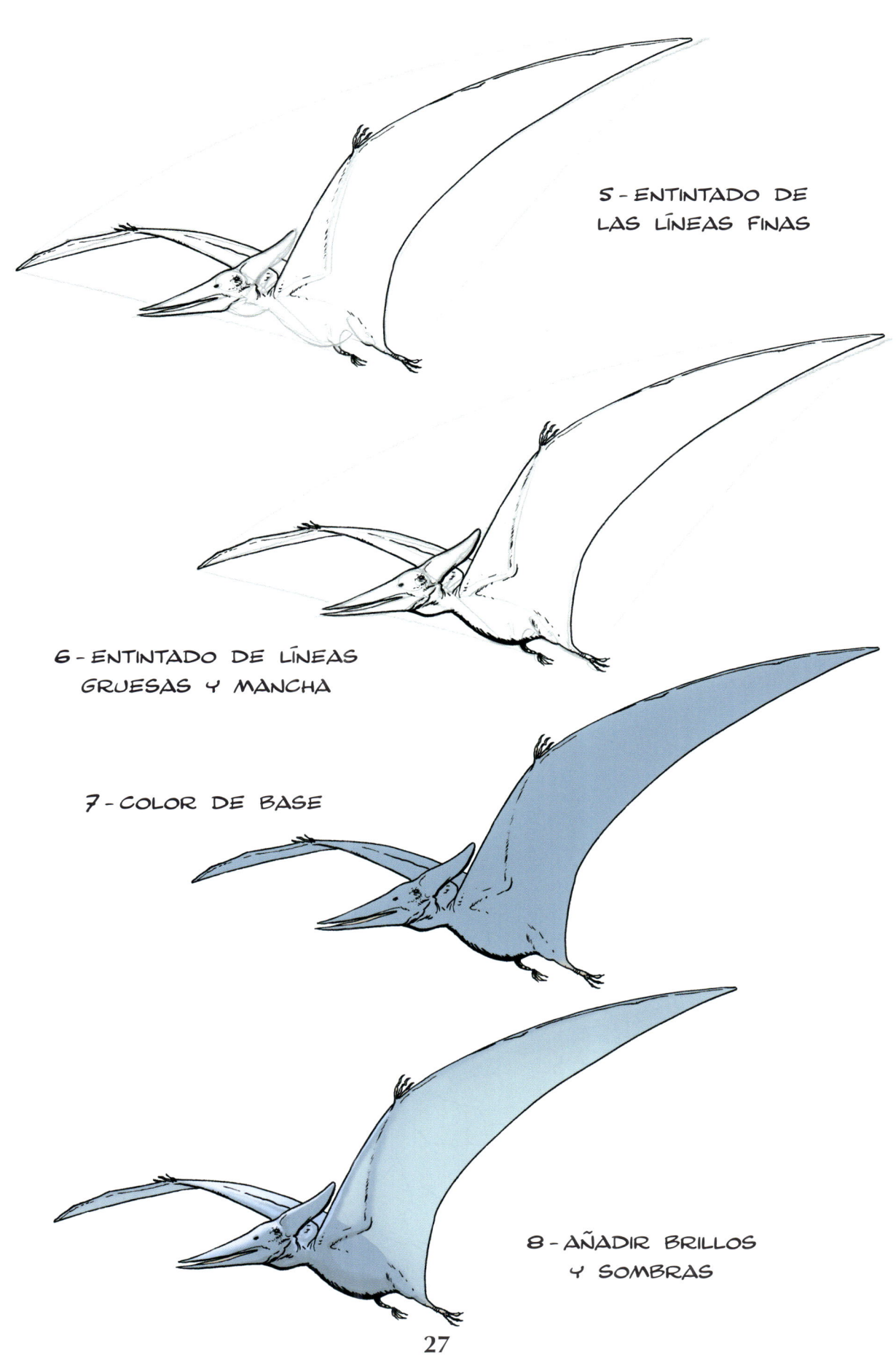

5 - ENTINTADO DE
LAS LÍNEAS FINAS

6 - ENTINTADO DE LÍNEAS
GRUESAS Y MANCHA

7 - COLOR DE BASE

8 - AÑADIR BRILLOS
Y SOMBRAS

PARASAUROLOPUS

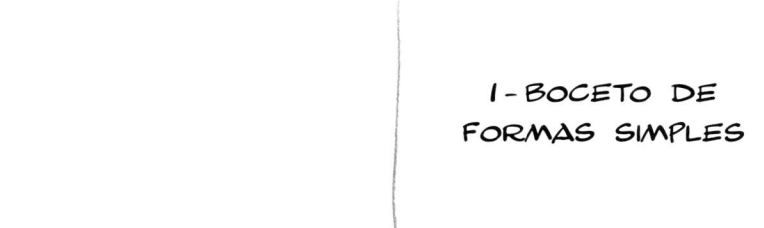

1 - BOCETO DE
FORMAS SIMPLES

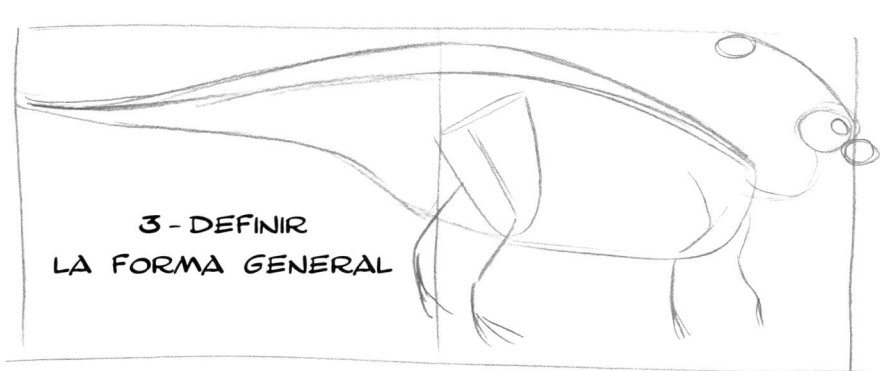

2 - AÑADIR MÁS
FORMAS SIMPLES

3 - DEFINIR
LA FORMA GENERAL

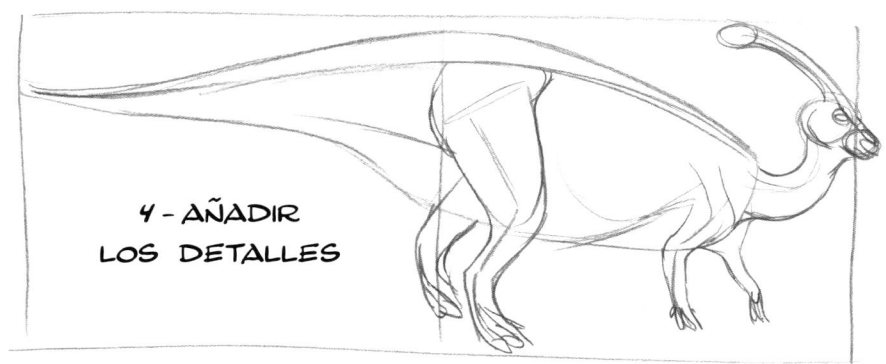

4 - AÑADIR
LOS DETALLES

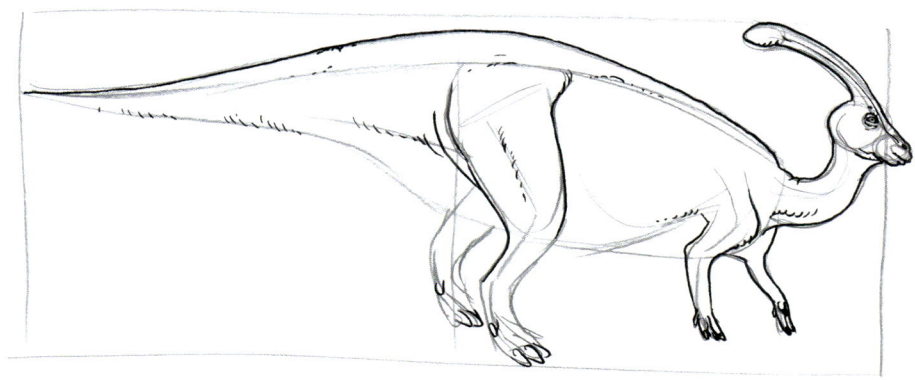

5 - ENTINTADO DE LAS LÍNEAS FINAS

6 - ENTINTADO DE LÍNEAS GRUESAS Y MANCHA

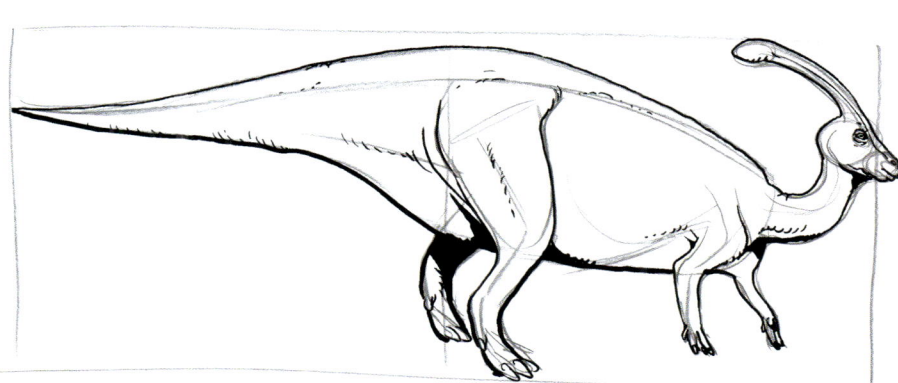

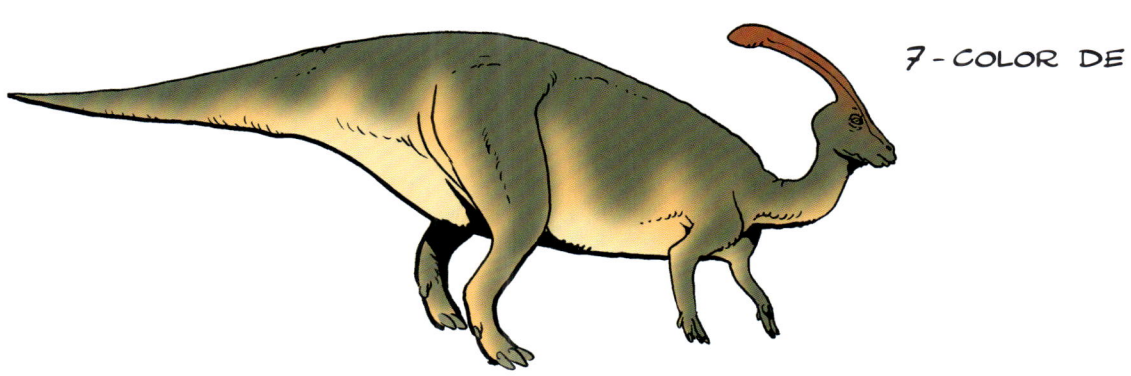

7 - COLOR DE BASE

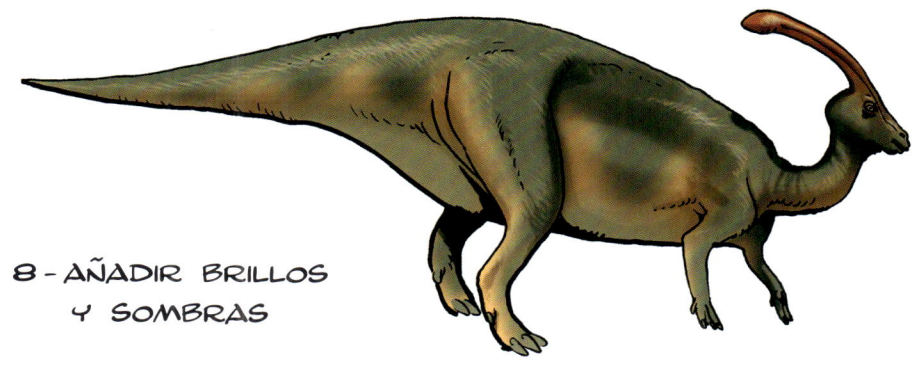

8 - AÑADIR BRILLOS Y SOMBRAS

PAQUICEFALOSAURUS

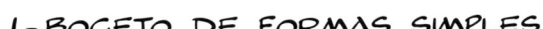

1 - BOCETO DE FORMAS SIMPLES

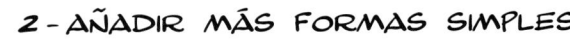

2 - AÑADIR MÁS FORMAS SIMPLES

3 - DEFINIR LA FORMA GENERAL

4 - AÑADIR LOS DETALLES

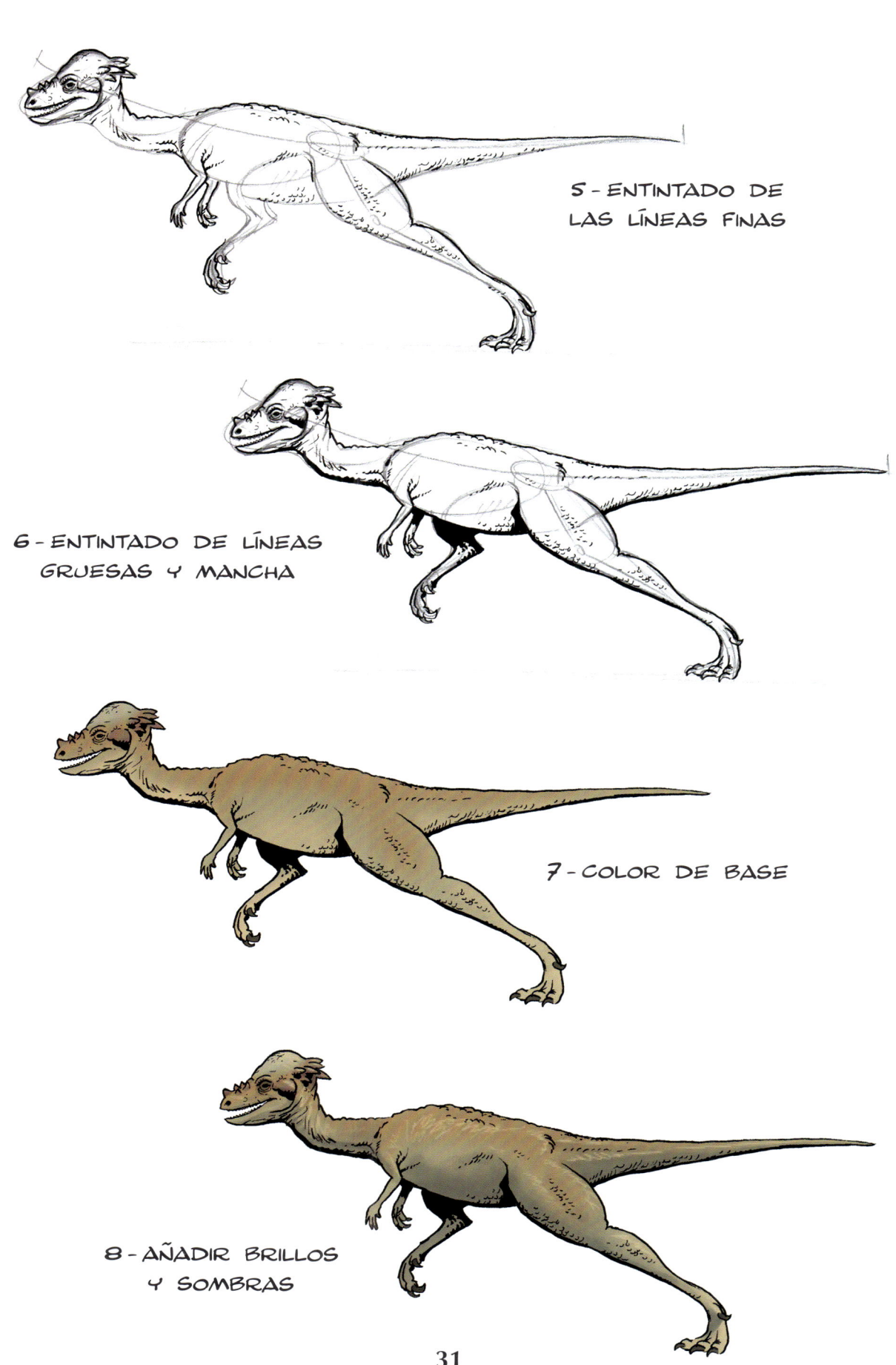

5 - ENTINTADO DE
LAS LÍNEAS FINAS

6 - ENTINTADO DE LÍNEAS
GRUESAS Y MANCHA

7 - COLOR DE BASE

8 - AÑADIR BRILLOS
Y SOMBRAS

TRICERATOPS

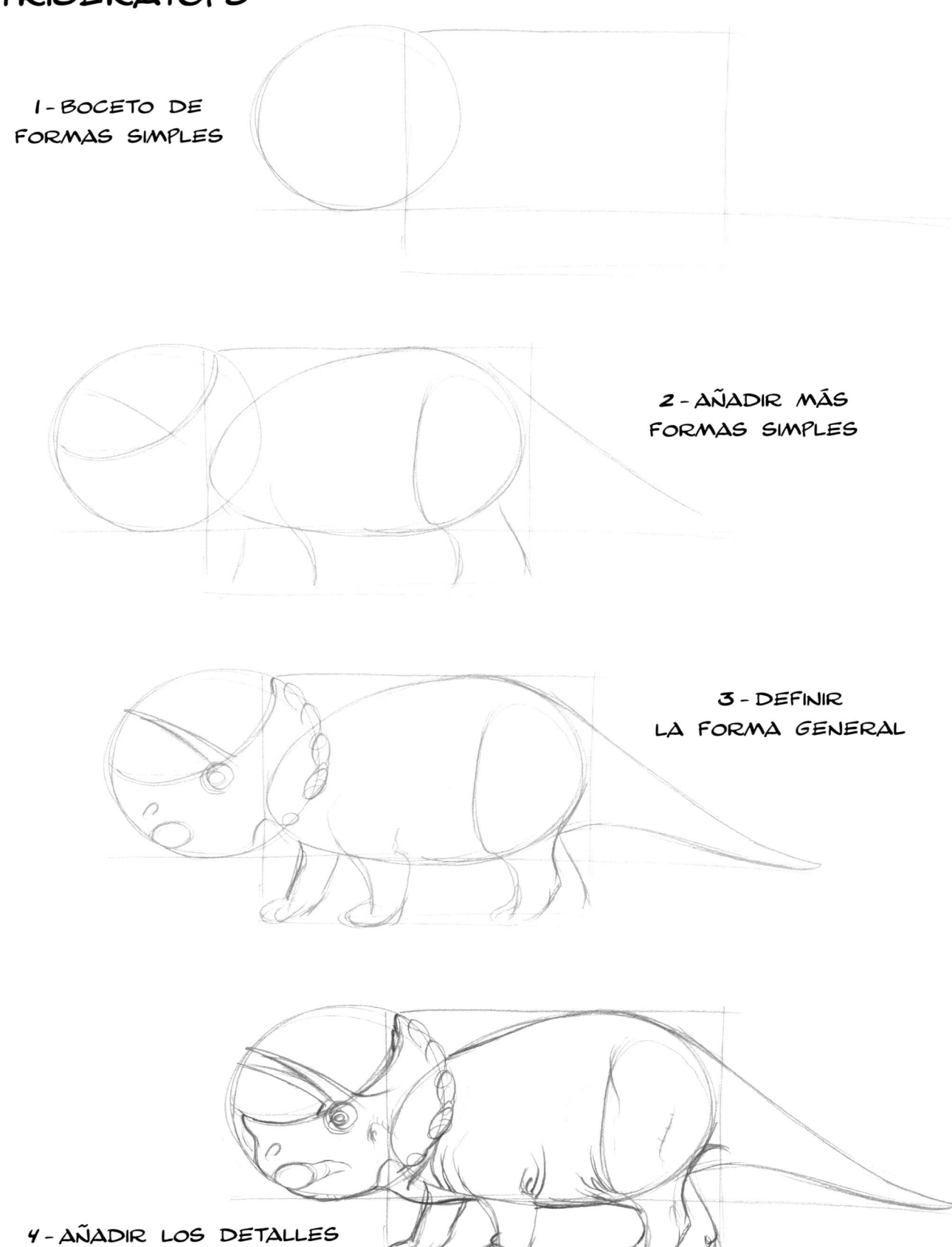

1 - BOCETO DE
FORMAS SIMPLES

2 - AÑADIR MÁS
FORMAS SIMPLES

3 - DEFINIR
LA FORMA GENERAL

4 - AÑADIR LOS DETALLES

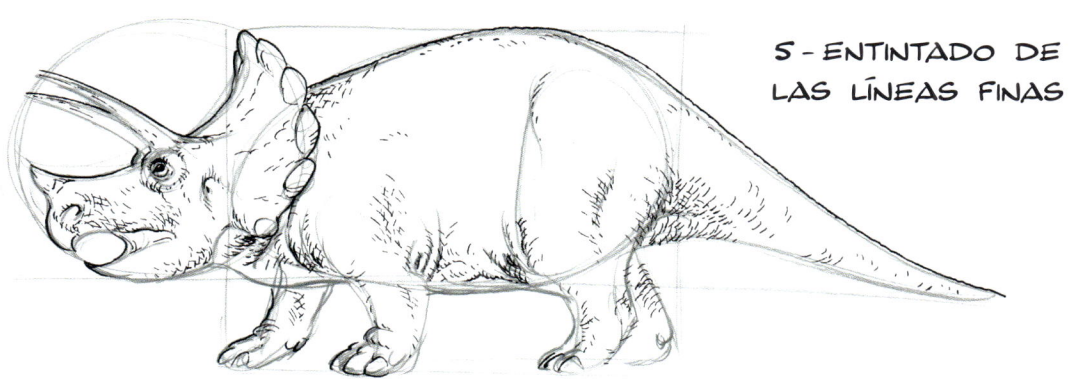

5 - ENTINTADO DE
LAS LÍNEAS FINAS

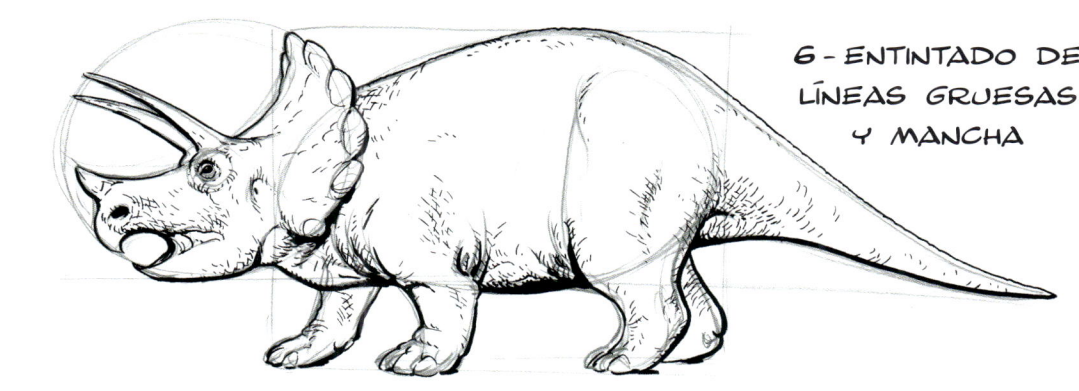

6 - ENTINTADO DE
LÍNEAS GRUESAS
Y MANCHA

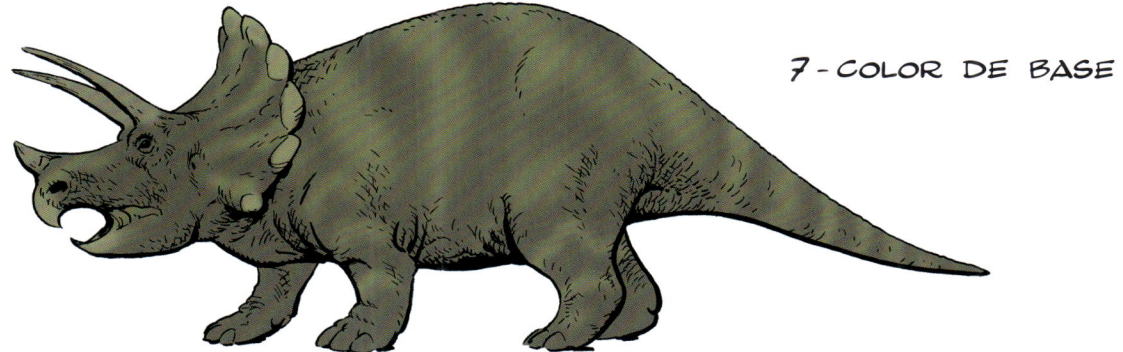

7 - COLOR DE BASE

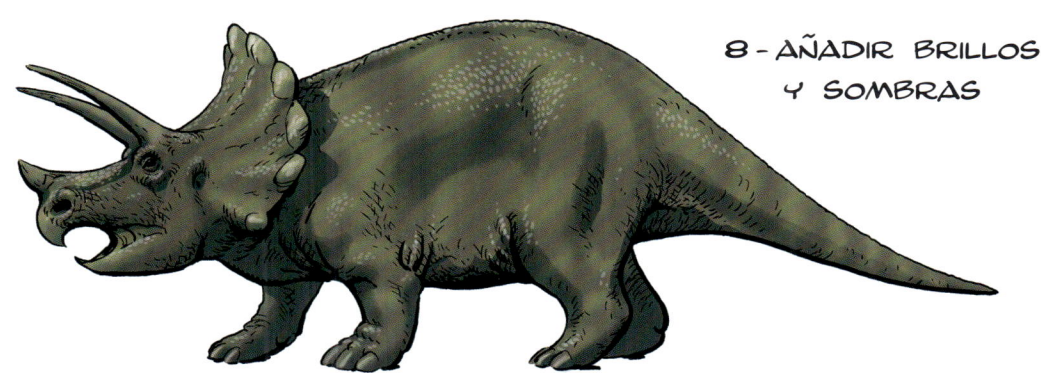

8 - AÑADIR BRILLOS
Y SOMBRAS

ESTRUTIOMIMUS

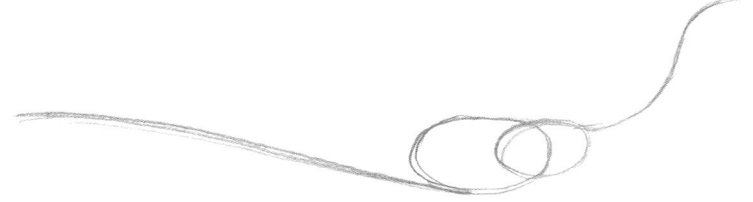

1 - BOCETO DE
FORMAS SIMPLES

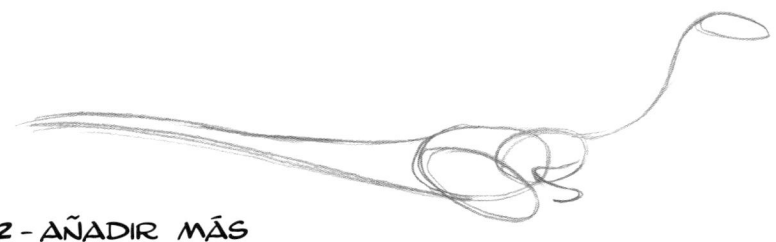

2 - AÑADIR MÁS
FORMAS SIMPLES

3 - DEFINIR
LA FORMA GENERAL

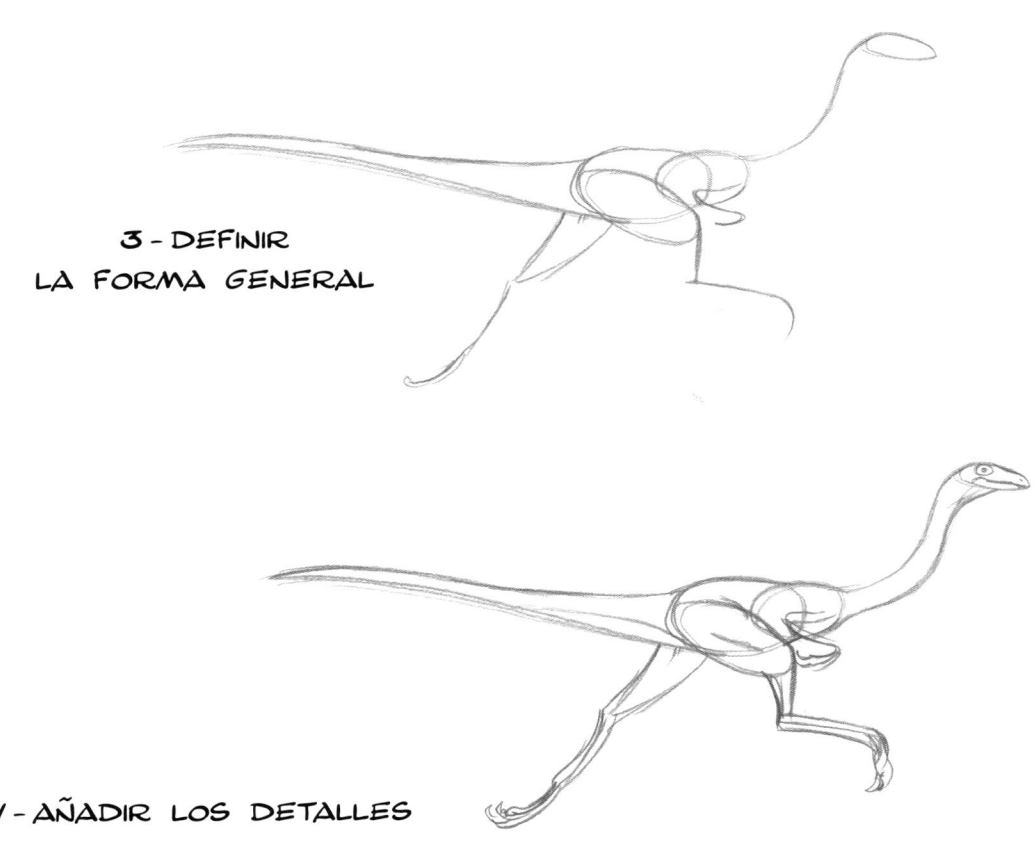

4 - AÑADIR LOS DETALLES

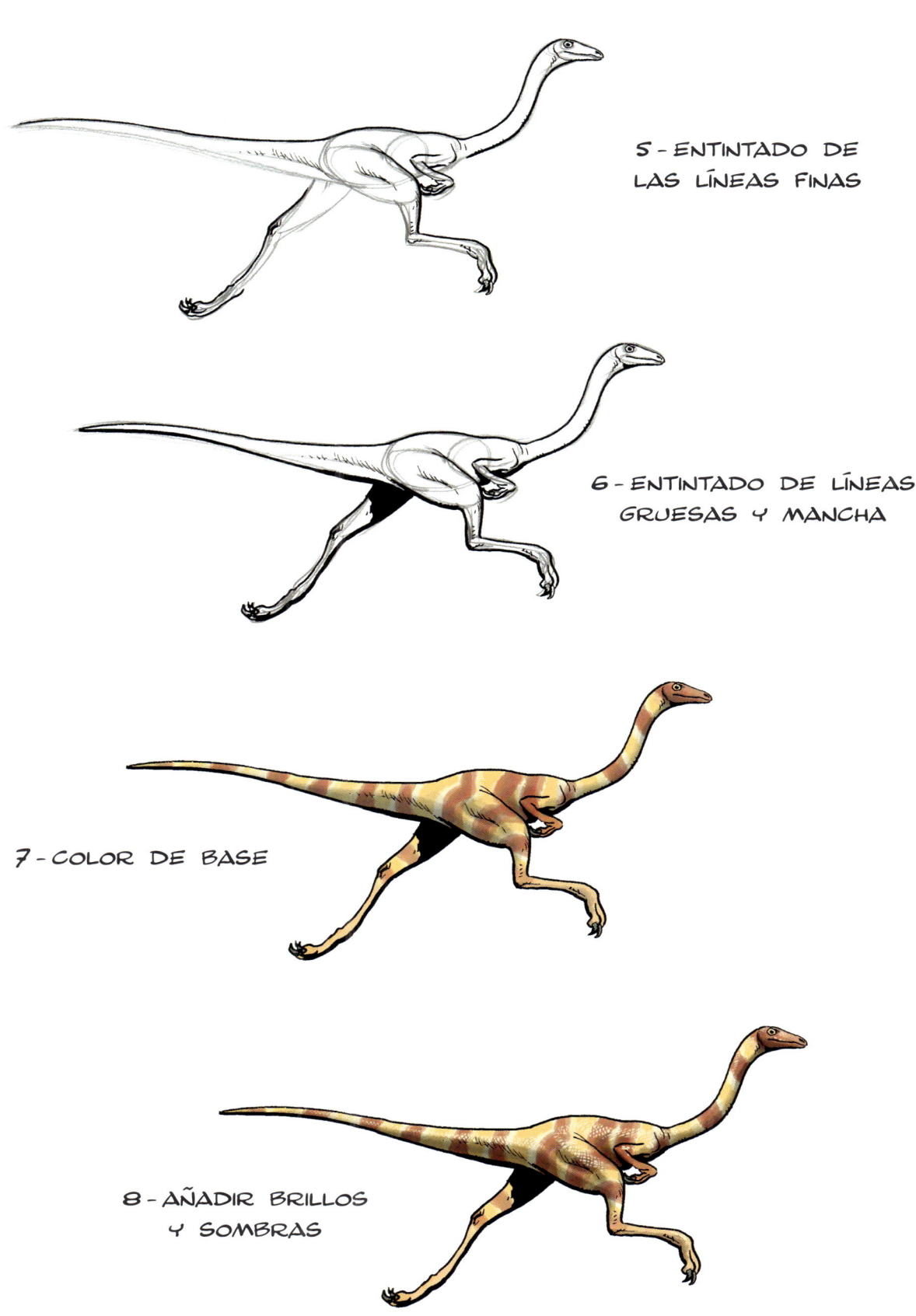

5 - ENTINTADO DE LAS LÍNEAS FINAS

6 - ENTINTADO DE LÍNEAS GRUESAS Y MANCHA

7 - COLOR DE BASE

8 - AÑADIR BRILLOS Y SOMBRAS

DIPLODOCUS

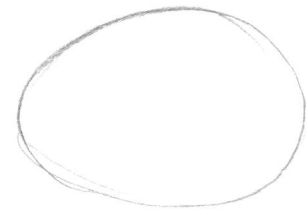

1 - BOCETO DE FORMAS SIMPLES

2 - AÑADIR MÁS FORMAS SIMPLES

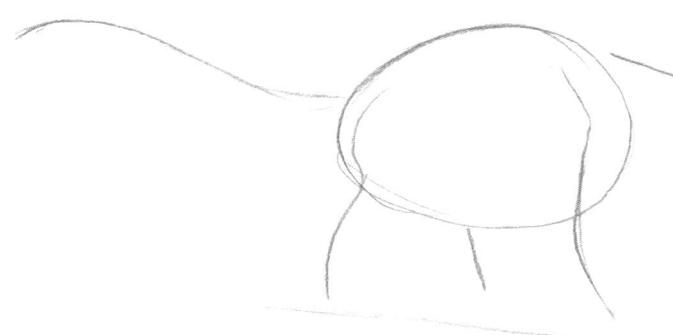

3 - DEFINIR LA FORMA GENERAL

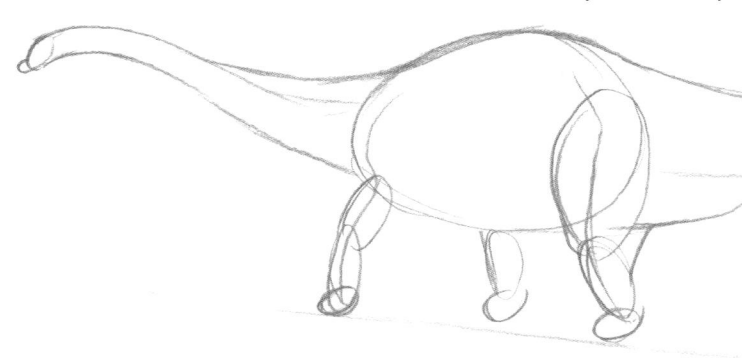

4 - AÑADIR LOS DETALLES

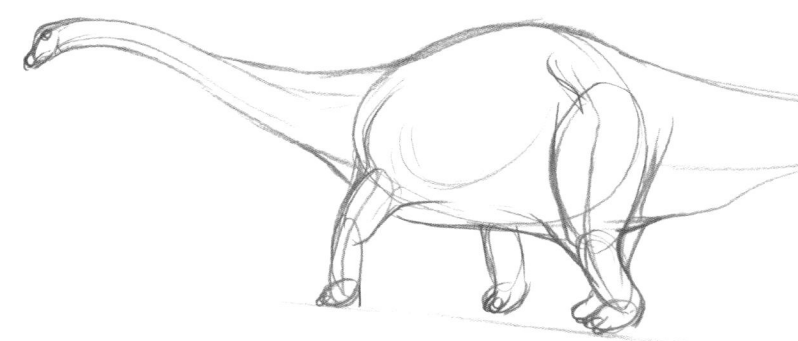

5 - ENTINTADO DE LAS LÍNEAS FINAS

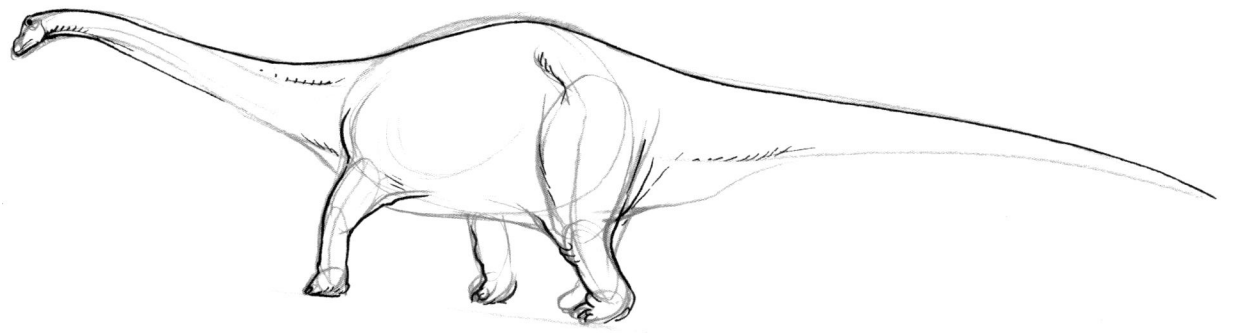

6 - ENTINTADO DE LÍNEAS GRUESAS Y MANCHA

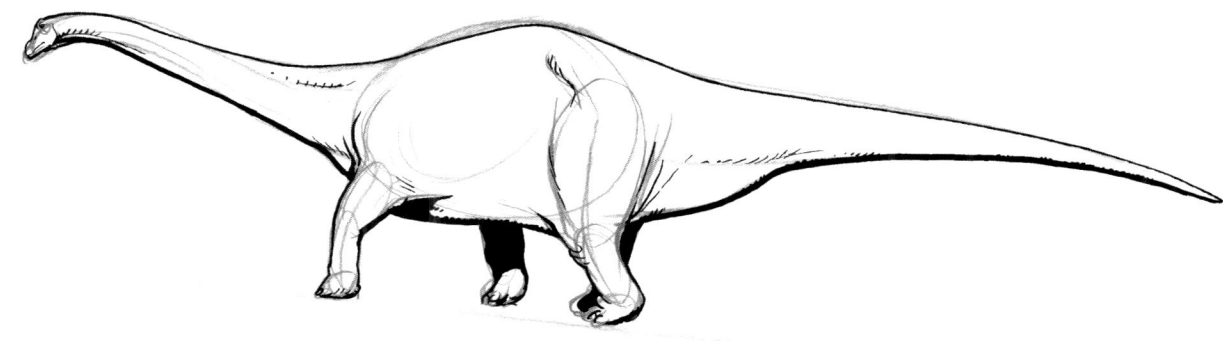

7 - COLOR DE BASE

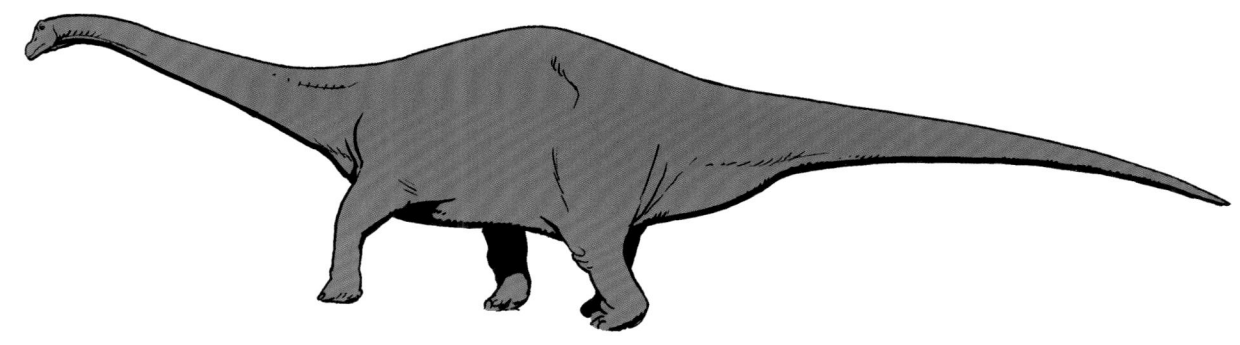

8 - AÑADIR BRILLOS Y SOMBRAS

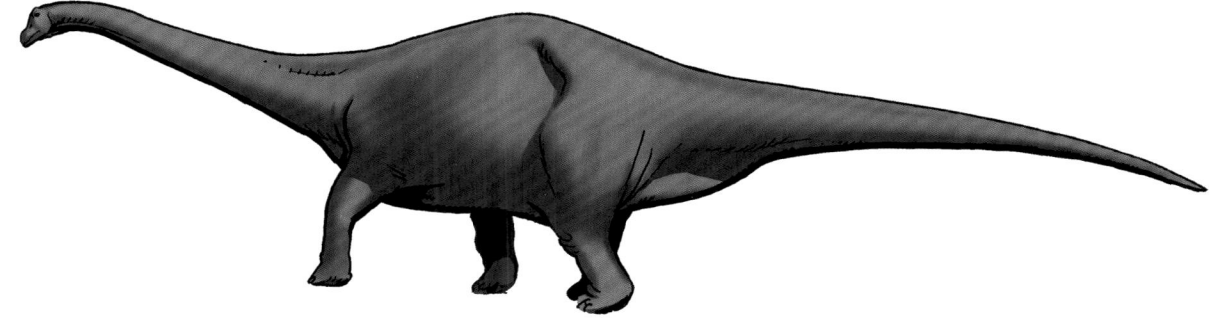

CARNOTAURUS

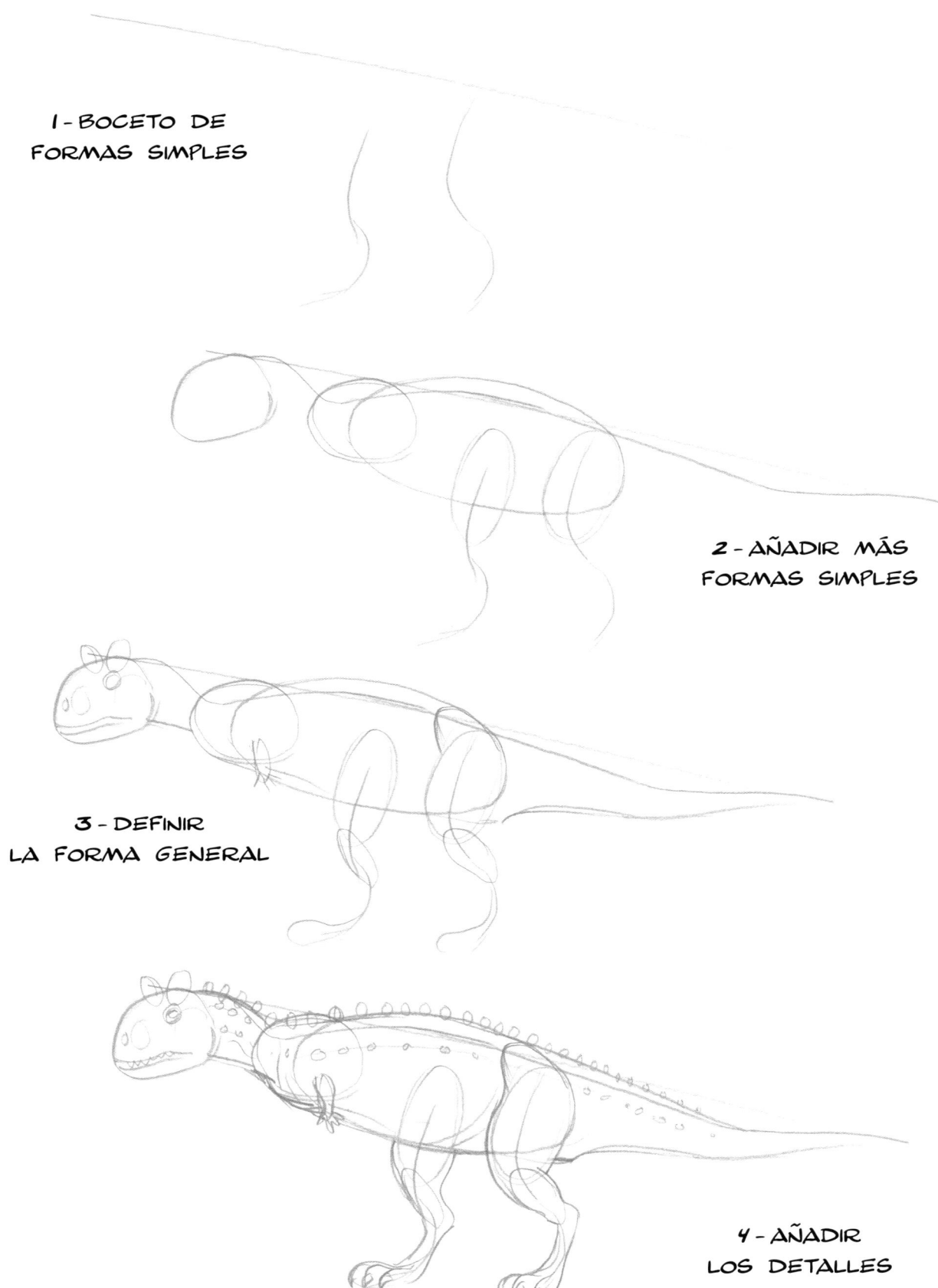

1 - BOCETO DE
FORMAS SIMPLES

2 - AÑADIR MÁS
FORMAS SIMPLES

3 - DEFINIR
LA FORMA GENERAL

4 - AÑADIR
LOS DETALLES

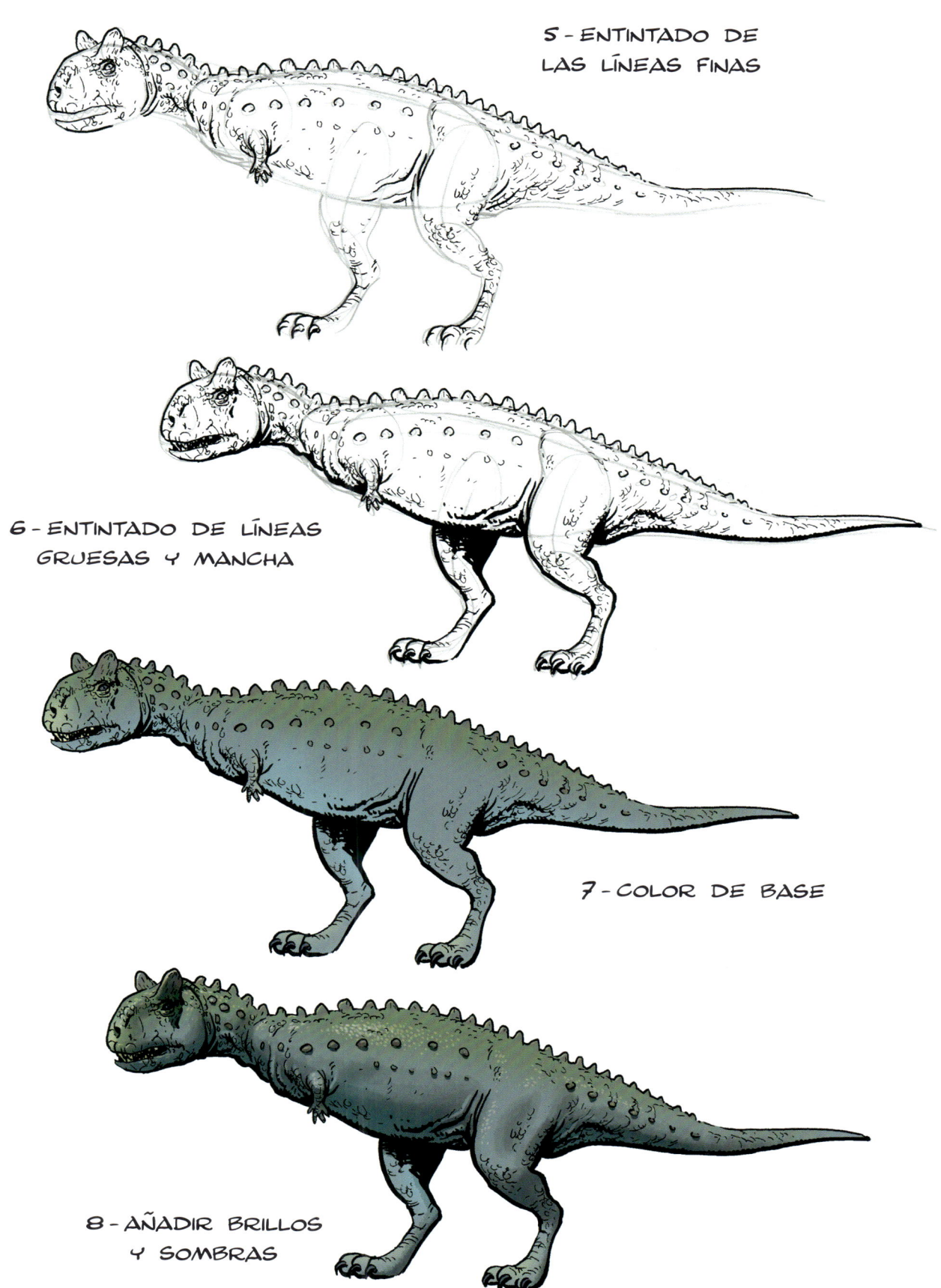

5 - ENTINTADO DE
LAS LÍNEAS FINAS

6 - ENTINTADO DE LÍNEAS
GRUESAS Y MANCHA

7 - COLOR DE BASE

8 - AÑADIR BRILLOS
Y SOMBRAS

CRONOSAURUS

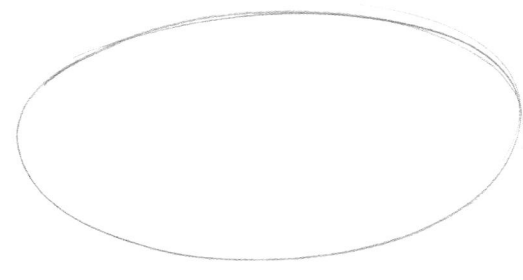

1 - BOCETO DE
FORMAS SIMPLES

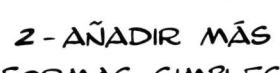

2 - AÑADIR MÁS
FORMAS SIMPLES

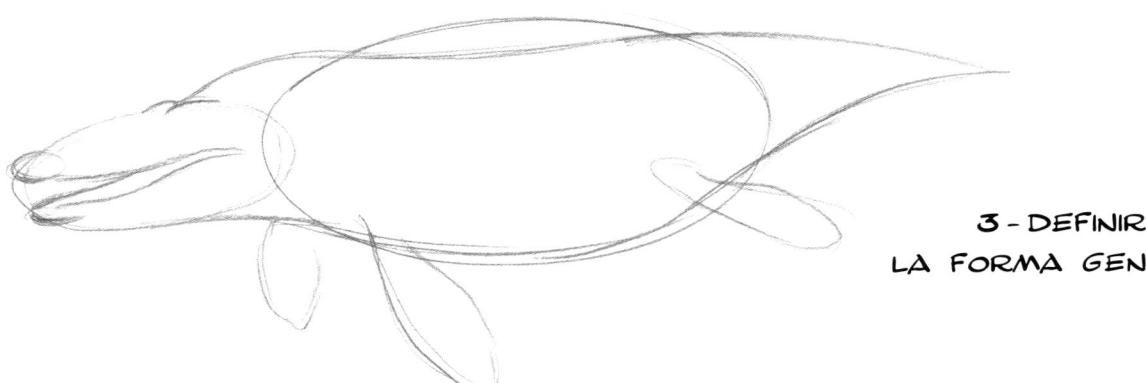

3 - DEFINIR
LA FORMA GENERAL

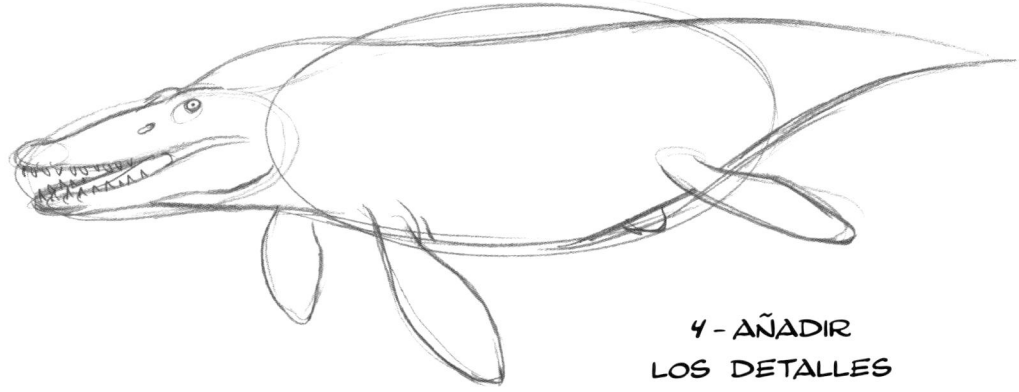

4 - AÑADIR
LOS DETALLES

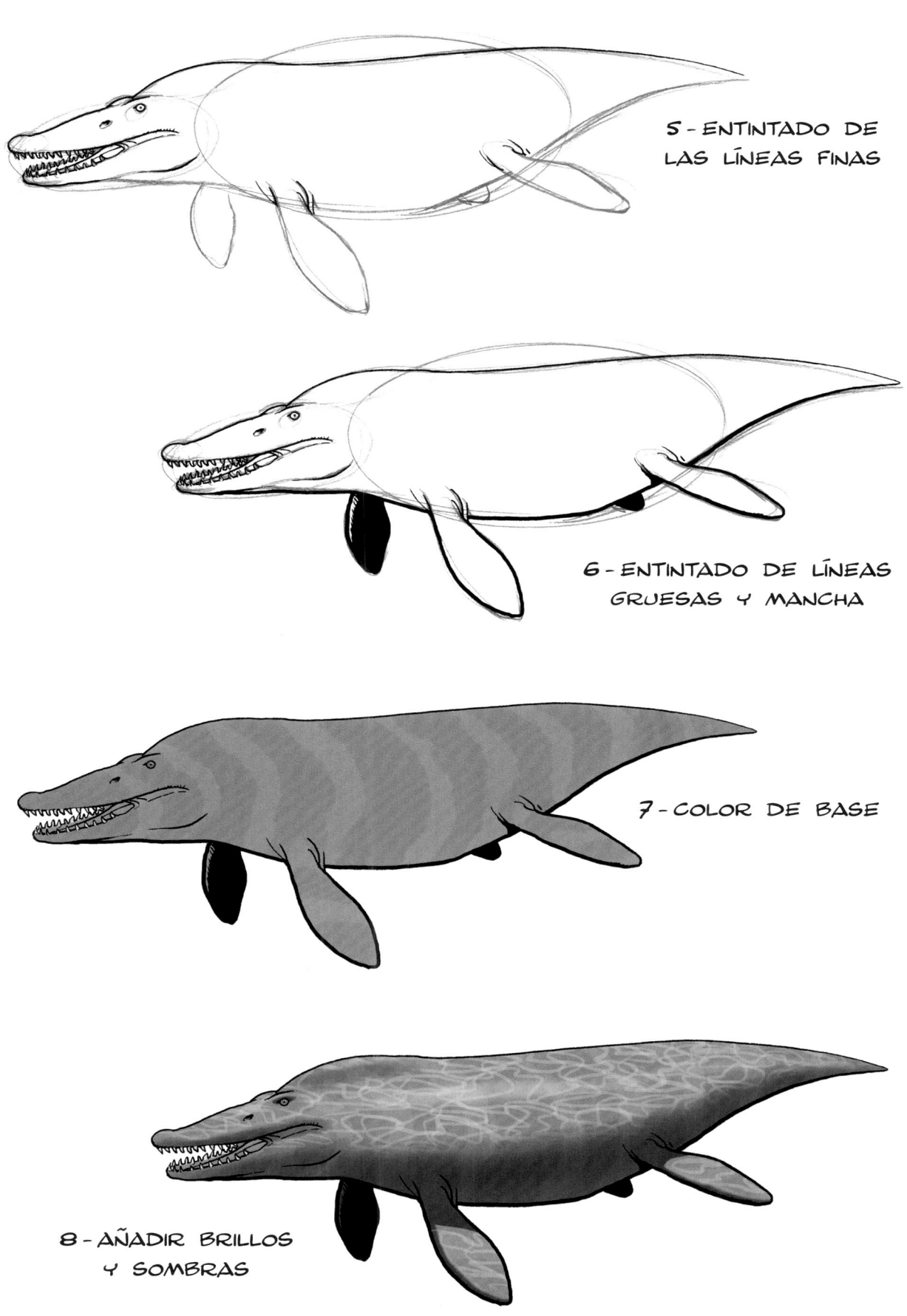

5 - ENTINTADO DE
LAS LÍNEAS FINAS

6 - ENTINTADO DE LÍNEAS
GRUESAS Y MANCHA

7 - COLOR DE BASE

8 - AÑADIR BRILLOS
Y SOMBRAS

ESTIRACOSAURUS

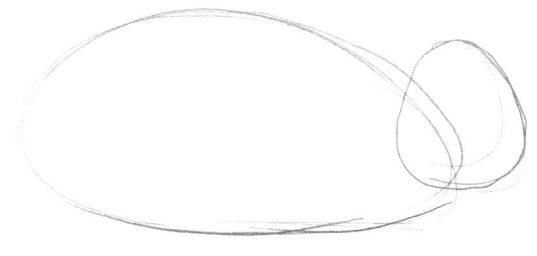

1 - BOCETO DE FORMAS SIMPLES

2 - AÑADIR MÁS FORMAS SIMPLES

3 - DEFINIR LA FORMA GENERAL

4 - AÑADIR LOS DETALLES

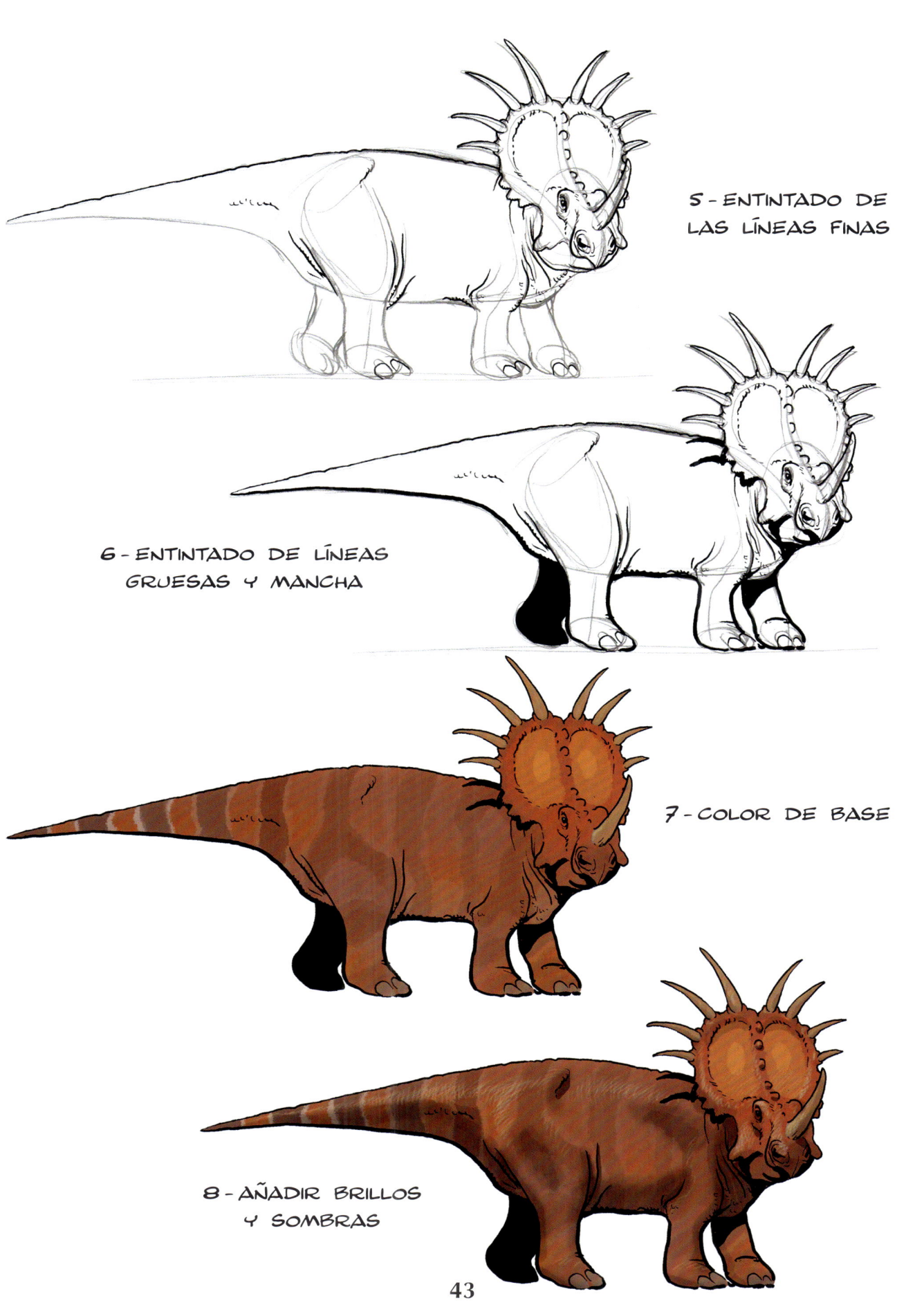

5 - ENTINTADO DE
LAS LÍNEAS FINAS

6 - ENTINTADO DE LÍNEAS
GRUESAS Y MANCHA

7 - COLOR DE BASE

8 - AÑADIR BRILLOS
Y SOMBRAS

43

DIMETRODÓN

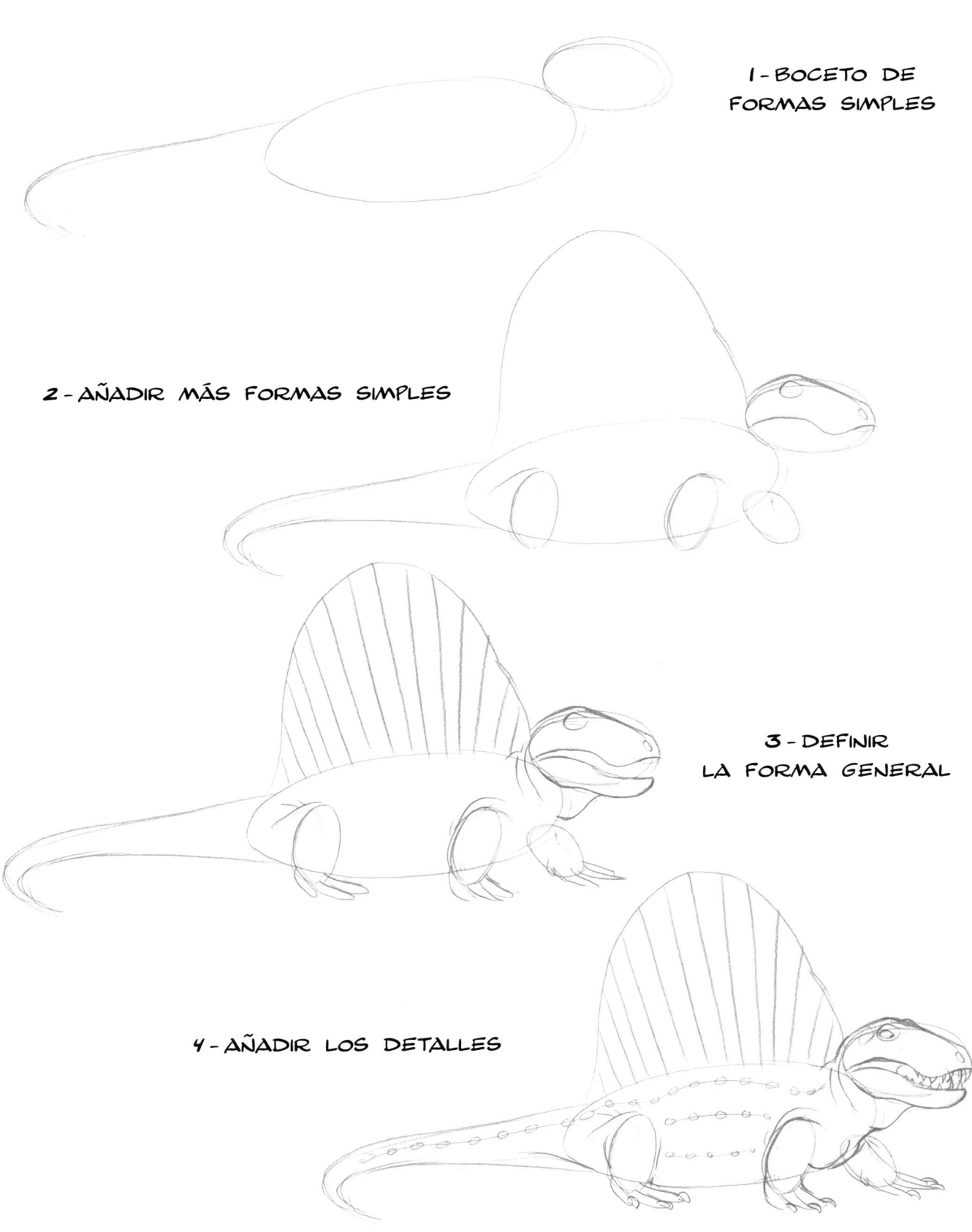

1 - BOCETO DE FORMAS SIMPLES

2 - AÑADIR MÁS FORMAS SIMPLES

3 - DEFINIR LA FORMA GENERAL

4 - AÑADIR LOS DETALLES

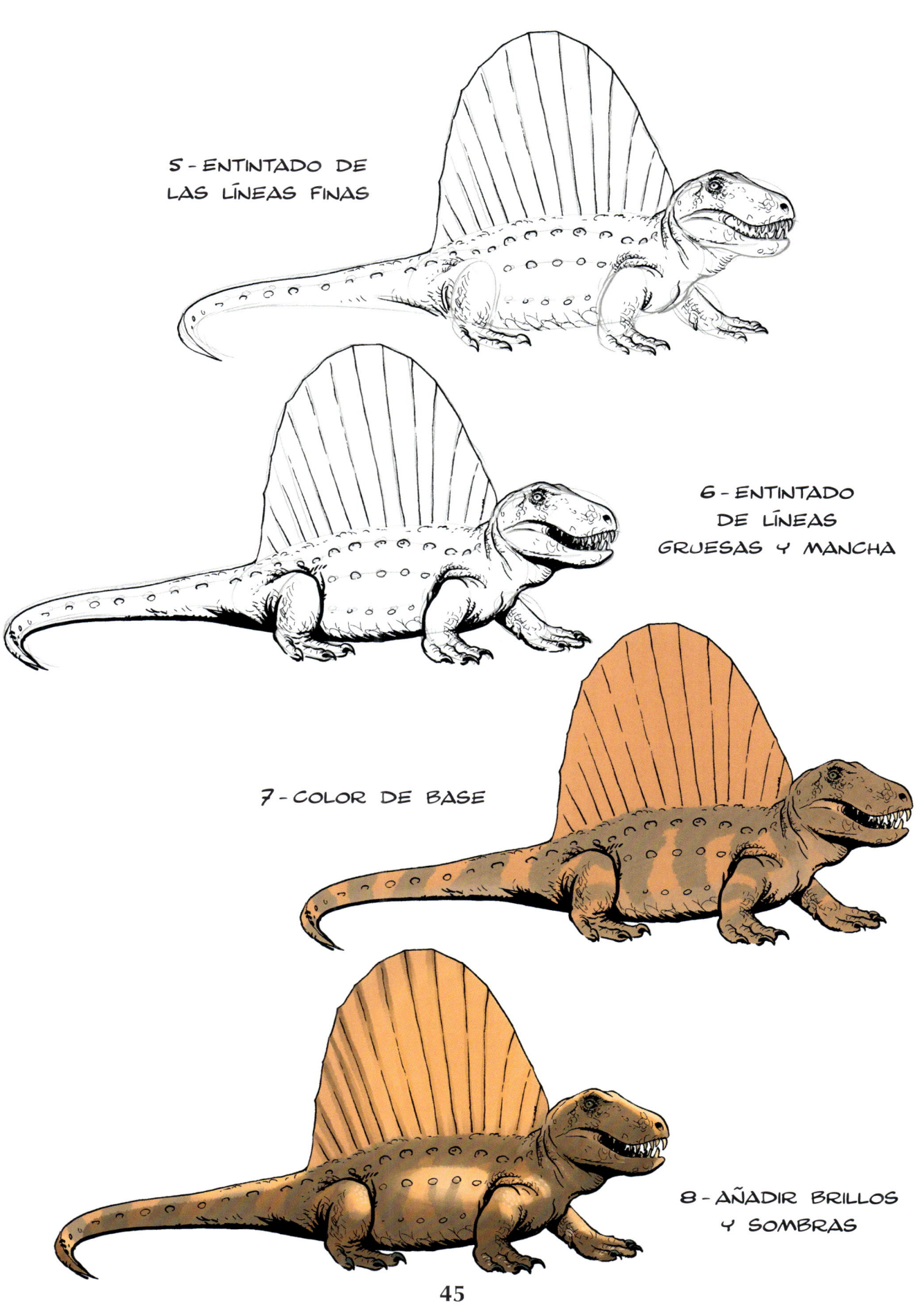

5 - ENTINTADO DE
LAS LÍNEAS FINAS

6 - ENTINTADO
DE LÍNEAS
GRUESAS Y MANCHA

7 - COLOR DE BASE

8 - AÑADIR BRILLOS
Y SOMBRAS

TIRANOSAURUS REX

1 - BOCETO DE
FORMAS SIMPLES

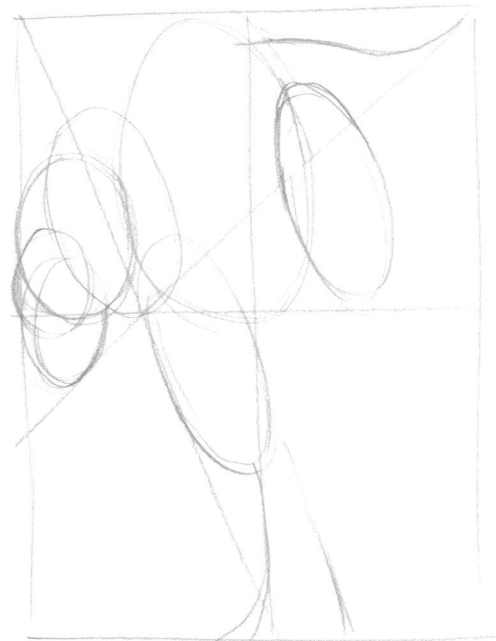

2 - AÑADIR MÁS
FORMAS SIMPLES

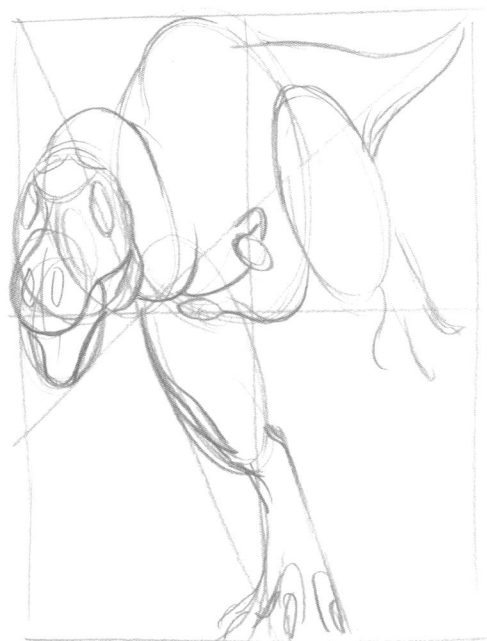

3 - DEFINIR
LA FORMA GENERAL

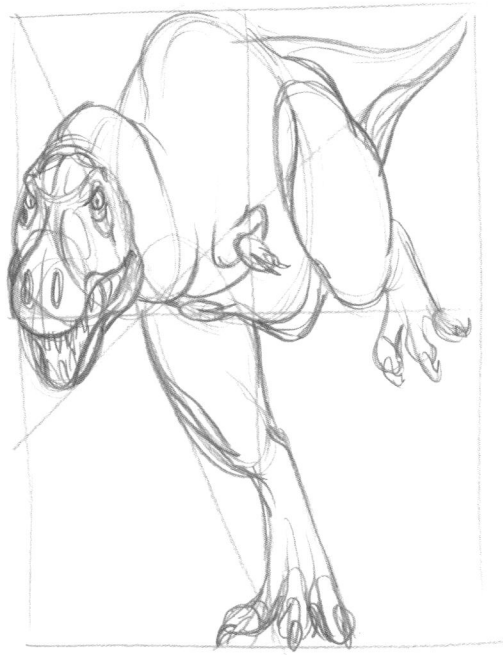

4 - AÑADIR LOS DETALLES

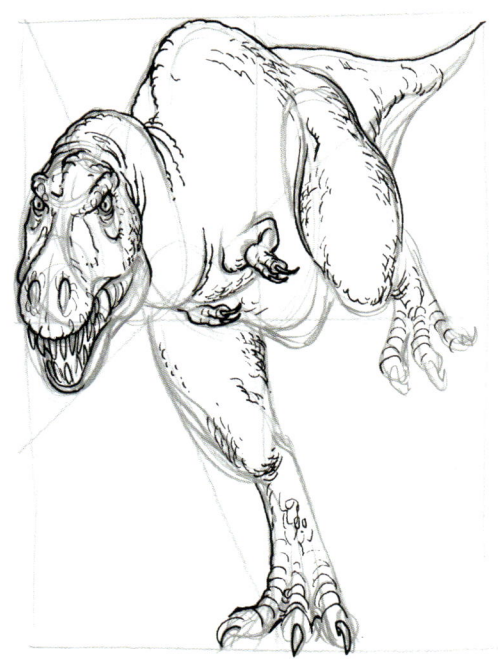

5 - ENTINTADO DE
LAS LÍNEAS FINAS

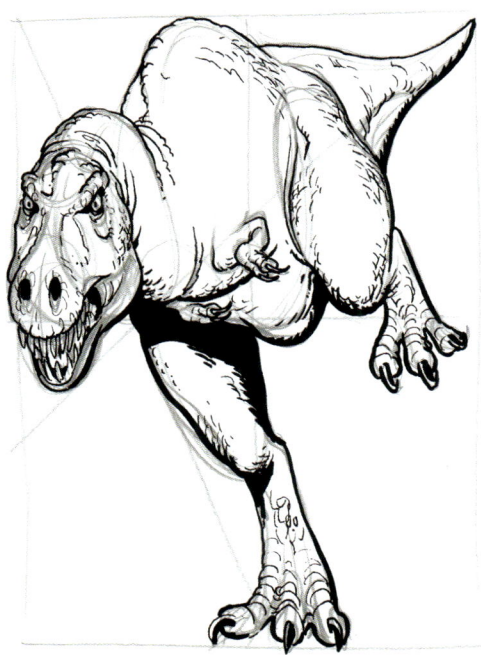

6 - ENTINTADO DE LÍNEAS
GRUESAS Y MANCHA

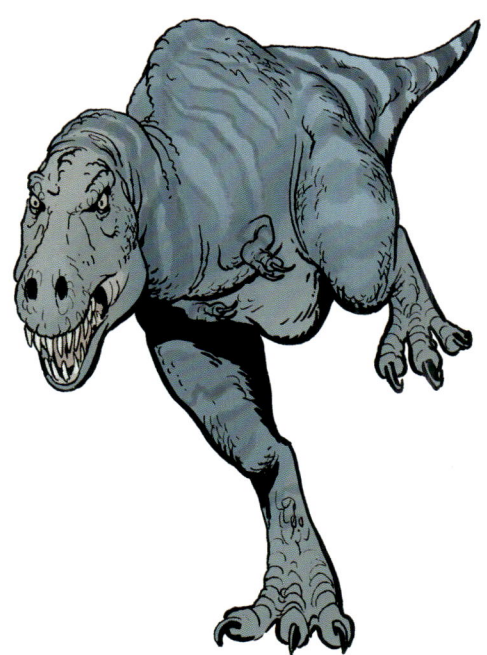

7 - COLOR DE BASE

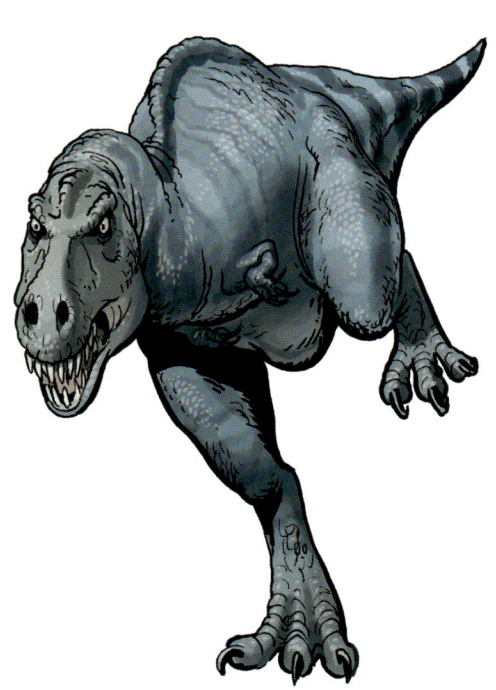

8 - AÑADIR BRILLOS
Y SOMBRAS

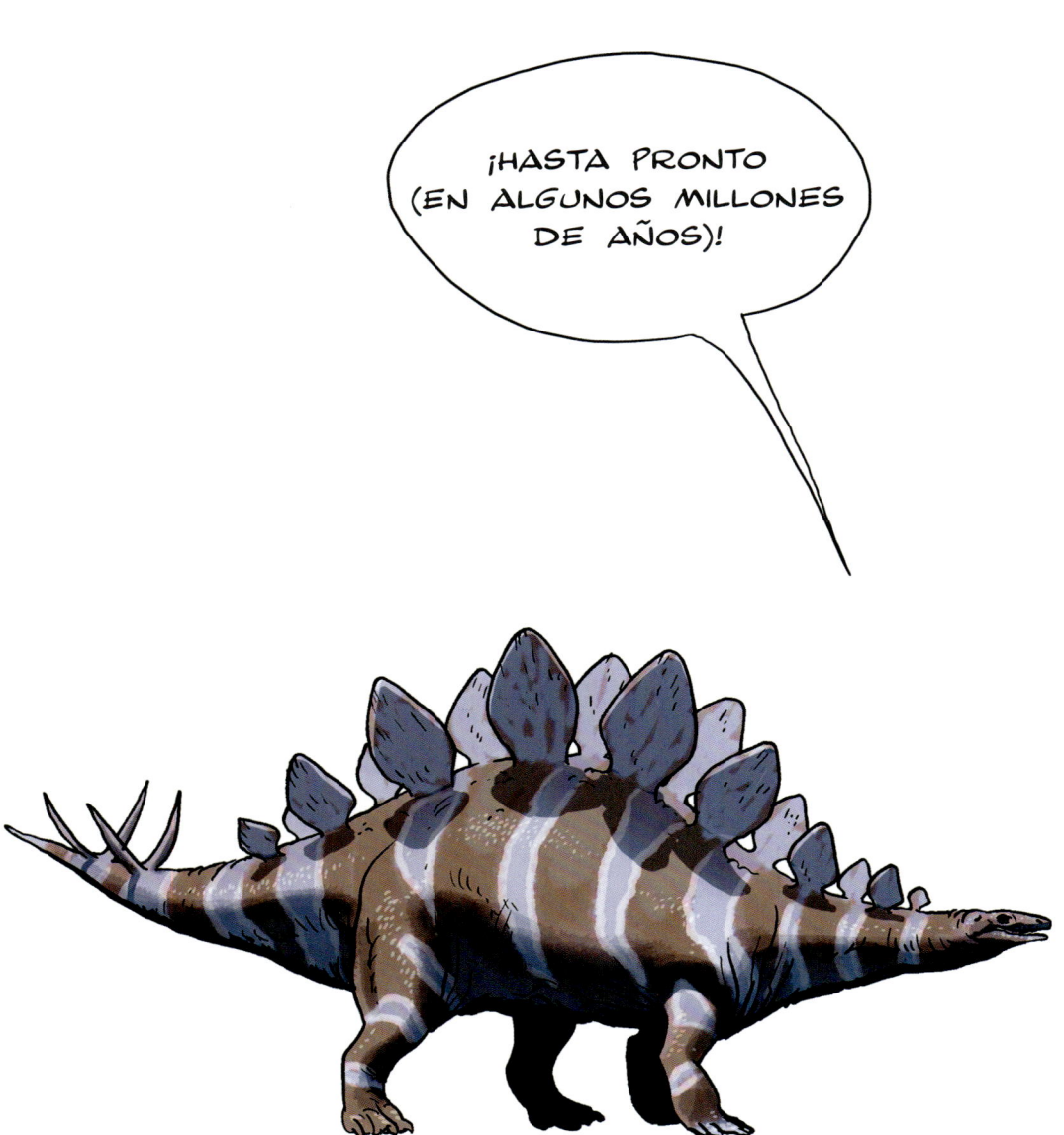